어린이를 위한
나로호 이야기

어린이를 위한
나로호 이야기

초판 1쇄 2013년 5월 8일

글 신현대　**그림** 박경민
펴낸이 성철환　**기획·제작** (주)네오넷코리아　**펴낸곳** 매경출판(주)
등록 2003년 4월 24일(No. 2-3759)
주소 우)100-728 서울 중구 필동1가 30번지 매경미디어센터 9층
홈페이지 www.mkbook.co.kr
전화 02)2000-2647(사업팀)　02)2000-2636(마케팅팀)
팩스 02)2000-2609　**이메일** ceo@summary.co.kr
인쇄·제본 (주)M-print　031)8071-0961

ISBN 978-89-7442-576-0 (73000)
값 9,800원

꿈이 살아 숨쉬는 초등 과학 교과서

어린이를 위한
나로호 이야기

글 신현대 | 그림 박경민

매일경제신문사

1 나로호 발사!

날아라 나로호	***8
인공위성은 적도를 좋아해	***19
총알과 인공위성 중에 누가 더 빠를까?	***26
나로호, 하늘로 날아오르다	***37
대한민국의 우주 개발은 바로 지금부터	***47

2 우주는 어떤 곳일까?

보이저 1호와 창백하고 푸른 점, 지구 ··· 64
외계인을 찾는 세티 프로젝트 ··· 77
우주비행사가 되려면 무엇을 준비해야 할까? ··· 86
우주 개발을 꼭 해야 하는 이유 ··· 93
우주에서의 초대 ··· 103

3 신나는 우주 여행

지구를 닮은 케플러 22-b 행성 ··· 118
대기권과 오존층 ··· 126
세계 최고의 허블 우주망원경 ··· 137
진공과 무중력, 무엇이 다를까? ··· 147
우주를 향한 첫걸음, 국제우주정거장 ··· 157
비상사태, 충돌 10초 전 ··· 168
나로과학위성, 대한민국을 부탁해 ··· 178

1
나로호 발사!

날아라 나로호

"오늘은 누리 아버님이 초청해 주신 덕분에 현장학습을 떠나게 되었으니까 누리한테 고맙다고 인사하는 게 맞겠지?"

4학년 3반 담임 선생님의 말씀에 친구들이 버스가 떠나가라 소리를 질렀다.

"누리야 고마워!"

"우와, 누리 때문에 로켓 발사를 내 눈으로 보게 되다니 가문의 영광이다!"

"학교 수업 안 하고 너무너무 좋아~~."

아이들의 재잘대는 소리에 버스 앞좌석에 앉아 있던 4학년 3반의 공부짱이자 얼짱, 인기짱인 누리가 일어나 쑥스럽다는 듯 인사를 했다.

"내가 고마워. 이렇게 모두가 응원을 해 줘서."

2013년 1월 30일, 오늘은 대한민국 최초의 한국형 위성 발사 로켓(KSLV-1)인 '나로호'가 우주로 날아오르는 날이었다.

겨울 방학을 끝내고 개학을 한 4학년 3반에는 작지만 의미 있는 하나의 사건이 기다리고 있었다. 누리 어머님이 학교에 찾아와 나로호 발사에 맞춰 현장학습을 제안했던 것이다. 선생님뿐만 아니라 아이들 모두 누리의 아빠가 나로호를 만들고 있는 과학자라는 것을 알게 된 것도 그때가 처음이었다.

한국형 로켓이란?

나로호 : 나로호의 공식 명칭은 KSLV-1(Korea Space Launch Vehicle-1)이다. 100kg급의 소형 인공위성을 지구 저궤도에 진입시킬 수 있는 대한민국 최초의 로켓으로 1단 액체엔진(러시아 개발)과 2단 킥모터(국내 개발)로 구성되어 있다.

나로과학위성 : 나로과학위성의 공식 명칭은 STSAT-2C이다. 과학기술위성의 영어 앞 글자를 따서 STSAT, 두 번째 과학기술위성이라는 뜻에서 숫자 2를, 세 번째 발사라는 의미에서 C를 붙였다.

'흥, 고맙기는! 너 땜에 괜히 피곤하기만 하지. 저녁에 있을 학원 수업도 못 받게 되었잖아!'

버스 뒤편에 앉아 입을 삐죽이던 채호가 눈을 반짝였다.

'누리가 잘난 척하는 얄미운 모습을 내가 보고 있을 수만은 없지!'

채호가 손을 번쩍 들었다.

"선생님, 그런데 힘들 게 갔다가 괜히 헛수고만 하고 돌아오는 것 아니에요? 벌써 두 번이나 발사했다가 실패하고, 이번 로켓도 두 차례나 발사가 연기되었잖아요."

채호의 딴죽에 소풍날처럼 시끄럽던 버스가 금세 조용해졌다.

"정말이야? 벌써 두 번이나 실패했다고?"

출발하기 전부터 엄마가 싸 주신 맛있는 김밥을 꺼내 먹고 있던 먹보 용재가 깜짝 놀라 되물었다.

"으이구, 저 잘난 척 대마왕 또 시작했다."

"채호 쟤 정말 재수 없어!"

주위에서 속닥속닥 투덜대는 소리가 들려왔지만, 채호는 아랑곳하지 않았다.

"그렇다니까. 2009년이랑 2010년에 한 번씩 발사를 했지만 전부 실패했을 뿐이야. 2009년 첫 발사 때에는 인공위성 덮개(페어링)가 분리가 안 돼서 궤도 진입에 실패했고, 2010년에는 말도 마.

발사하고 몇 초 만에 하늘에서 꽝, 하고 폭발해 버렸어. 이번에도 그렇게 될지 누가 알아?"

신이 나 주절주절 떠들던 채호는 깜짝 놀라 입을 다물고 말았다. 누리가 입술을 꼭 깨물고 노려보고 있는데 눈에서 꼭 레이저 광선이 쏘아지는 듯했다. 그런데 이상한 일이었다. 평소라면 벌써 세계대전이 발발하고도 남았을 텐데, 누리가 금방이라도 울음을 터뜨릴 것처럼 눈시울이 발갛게 달아오른 채 서 있기만 했다.

'쟤, 왜 저래? 내가 뭐 틀린 말을 한 것도 아닌데……'

선생님이 누리의 어깨를 토닥여 주고는 채호를 향해 웃으며 말씀하셨다.

"우리 채호가 나로호에 대해 자세히 공부했구나."

채호가 꺼림칙한 기분을 털어 내고는 의기양양 어깨를 으쓱했다.

"저는 여행을 떠나기 전에는 인터넷이나 책으로 조사를 철저히 하거든요. 앙코르 와트 사원에 갈 때는 책으로 완전 마스터했고, 만리장성 갈 때도 그랬어요. 미국 뉴~ 욕에 갈 때도 마찬가지고요. 사전 조사는 알찬 여행을 위한 필수 과정이거든요."

"우웩, 아직 출발도 안 했는데 나 벌써 속이 미식미식 토할 것 같아."

"흥, 해외여행 많이 했다고 잘난 척하는 것 좀 봐!"

아이들이 또다시 투덜거렸지만 채호는 그쯤은 끄떡없었다.

'흥, 내가 없는 말을 지어서 한 것도 아닌데, 뭐. 내가 잘난 데 도와준 것도 없는 놈들이!'

채호가 코웃음을 치고 있을 때였다.

"역시 채호는 공부도 그렇고 무엇이든 준비가 철저하구나. 그런데 채호가 미처 검색을 하지 못한 것도 있는 것 같아. 혹시 새로 개발된 로켓이 첫 발사 시도에서 성공할 확률이 얼마나 되는지 채호는 알고 있니?"

"그게……."

선생님의 질문에 채호는 대답을 하지 못했다. 선생님 말씀처럼 미처 거기까지는 조사를 못한 탓이었다.

"안타깝게도 새로 개발된 로켓의 첫 성공률은 평균 27%밖에 안 된다고 해. 심지어 우주 개발의 선진국인 미국과 러시아도 로켓 개발 초기에는 무수한 실패를 겪었지. 1950년대 미국의 발사 실패율은 자그마치 66%에 달했다고 해. 3번 발사를 하면 2번은 실패를 했다는 뜻이야."

"우와, 미국도 그렇게 많이 실패를 했어요? 믿기지 않아요!"

아이들의 놀랍다는 반응에 선생님이 말을 이었다.

"이처럼 초기 발사 성공률이 높지 않은 것은 어쩔 수 없는 일인데도 마치 우리나라만 실패를 한다는 식으로 잘못 인식되고 있는 게 안타깝지 않니?"

선생님의 말씀에 뜨끔했지만, 채호는 순순히 인정하고 싶지 않았다.

"하지만 자꾸 실패를 하느니 차라리 미국이나 러시아 같은 나라에 돈을 주고 안전하게 인공위성을 쏘아 올리는 게 낫지 않나요? 우리 아빠가 그러는데, 실패할 때마다 국민의 세금이 엄청 들어간대요. 차라리 그 돈으로 가난한 사람들을 도와주는 게 더 좋지 않을까요?"

"맞아. 채호 말처럼 발사가 실패할 때마다 국민의 아까운 세금이 허공으로 헛되이 날아가는 셈이지. 하지만 이렇게 생각해 보면 왜 꼭 한국형 로켓을 개발해야 하는지 알게 될 거야."

한국형 로켓을 꼭 성공시켜야 하는 이유

❶ 과학 기술력 상승 효과
나로호 발사가 성공하면 우리나라의 과학 기술이 한 단계 상승하게 된다. 나로호에는 약 20만 개의 부품이 사용되는데, 그 부품을 개발하고 생산하는 데에도 엄청난 과학 기술 및 산업 파급 효과가 있다.

❷ 경제 효과 및 새로운 시장 창출 효과
나호로 발사가 성공하면 약 3조 원의 직간접적인 경제적 효과가 예상된다. 그러나 이보다 더 중요한 것이 바로 최근 주목받고 있는 우주 개발 시장에 우리가 진출할 수 있다는 점이다.

우주 개발 시장의 규모는 약 3,000억 달러에 달한다. 이는 애플과 삼성이 주도하고 있는 세계 모바일 시장 규모인 2,000억 달러보다 훨씬 어마어마한 규모다. 천연자원도 부족하고 땅도 넓지 않은 우리나라가 지난 몇십 년 동안 엄청난 경제 성장을 이뤄냈듯이, 우리만의 뛰어난 교육열로 충분히 진출할 수 있는 시장이 바로 우주 개발 시장인 셈이다.

❸ 인공위성의 원활한 운용

2010년에 이미 우리나라는 영상 레이더를 장착해 구름이 낀 날이나 밤에도 지상을 관측할 수 있는 능력을 지닌 다목적 실용위성 '아리랑 5호'의 개발을 마친 상태다.

하지만 러시아가 로켓 발사 비용을 더 요구하면서 발사 예정일을 미뤄 아직도 발이 묶여 있는 상태다. 함께 발사할 계획이던 '과학기술위성 3호'도 마찬가지로 지상에 발이 묶인 상태다. 이처럼 우리만의 로켓이 없으면 우리나라의 인공위성 발사 자체가 힘들어질 수밖에 없다.

"맙소사, 만들어 놓은 인공위성도 로켓이 없어서 하늘로 못 띄우고 있다고? 정말 우리나라만의 로켓이 꼭 필요하구나!"

아이들이 선생님의 설명에 안타까워했다.

"게다가 나로호 발사는 이번이 마지막 기회란다. 이번에도 실패하면 더 이상 발사를 할 수 없어."

"말도 안 돼요! 발명왕 에디슨은 전구를 발명하는데 9,999번이나 실패를 했다고 그러잖아요. 기회를 더 줘야죠!"

용재의 말에 아이들이 고개를 끄덕였다.

"아쉽지만 어쩌겠니. 하지만 성공 여부와 상관없이 앞으로도 한국형 로켓 개발은 예정되어 있어. 게다가 그때의 나로호는 지금처럼 러시아와의 합작이 아니라 엔진부터 전체 로켓 조립까지 순수 국내 기술로만 완성할 예정이지."

"아, 다행이다~~."

아이들이 안도의 한숨을 내쉬었지만, 선생님은 고개를 저었다.

"하지만 만약 이번에도 발사가 실패하면 어떻게 될까? 계획된 일정 내에 로켓 개발이 완료될지 장담할 수가 없어져. 한국형 로켓을 개발하기 위해서는 정부에서 예산을 받아야 하는데, 번번이 실패만 해서 채호 말처럼 헛돈만 쓰는 사업에 누가 순순히 돈을 투자하겠어?"

"그러니까 예산이 줄어들면 연구할 수 있는 과학자들도 줄어들고, 실험할 돈도 없어지게 되고, 아무튼 개발이 늦어지게 될 거란 말씀이죠?"

"맞아. 지금도 우리나라의 우주 개발 예산과 인력은 선진국에

비해 터무니없이 열악한 수준이란다. 음, 그것에 대해서는 아무래도 누리가 잘 알고 있지 않을까?"

선생님의 말씀에 아이들이 누리를 향해 눈을 돌렸다. 채호의 말에 얼굴이 시뻘겋게 달아올랐던 누리가 마음을 가라앉히고는 차근차근 우리나라 우주 개발의 열악한 수준에 대해 설명을 했다.

2012년 세계의 우주 개발 예산은 약 703억 달러였다. 그렇다면 우리나라의 예산은 얼마일까?

우리나라의 우주 개발 예산은 2011년 2억 1천만 달러에 불과했다. 이는 미국의 200분의 1에 불과하고, 일본과 비교해도 10분의 1 수준밖에 안 된다.

인력 부족도 큰 문제다. 현재 우리나라 항공우주연구단의 연구 개발 인력은 200명 수준에 그치고 있다. 이에 비해 러시아의 항공우주 연구원은 4만 5천 명에 달하며, 엔진 하나만 개발하는 직원도 2천 명에 달한다. 우리나라는 연구 개발의 모든 것을 200명이 담당하다 보니 부족한 점이 많을 수밖에 없다.

"그것밖에 안 돼?"

"채호 저 녀석, 그런 사정도 모르고 혼자 잘난 척을 하다니!"

누리의 설명에 아이들이 고개를 저으며 채호를 째려보았다.

'으윽, 우리나라 현실이 고작 그것밖에 안 되었다는 거야?'

채호가 생각하기에도 우리나라의 우주 개발 현실이 너무 초라해 보였다.

"그래서 우리가 가는 거야. 나로호가 무사히 우주로 날아오를 수 있도록 나로호에게 힘을 모아 줘야 하지 않겠니?"

"네, 선생님. 빨리빨리 출발해요~~!"

아이들이 환호성을 내질렀다.

인공위성은 적도를 좋아해

"선생님, 나로우주센터에 도착하려면 아직도 멀었나요?"
출발한 지 1시간 가까이 되자 아이들의 엉덩이에서 불이 났다.
"앞으로도 3시간은 더 달려야 하는데 어쩌지?"
선생님의 말에 아이들이 한숨을 폭 내쉬었다.
"아, 정말 멀어도 너무 멀다. 서울에서 발사하면 구경하기도 좋고 얼마나 좋았을까."
아이들의 말처럼 나로우주센터는 전남 고흥군 봉래면에 위치해 있었다(동경 127.3도, 북위 34.26도).

"서울은 땅이 너무 비싸서 발사장을 못 만드는 거 아닐까? 그리고 서울에 만들면 부산처럼 멀리 떨어진 곳에 사는 친구들은 어떡하고?"

"그러면 공평하게 우리나라 중간에 발사장을 만들면 되잖아."

아이들의 대화에 누리가 끼어들었다.

"발사장을 정하는 데는 크게 3가지 조건이 맞아야 해. 그래서 우리가 지금 가고 있는 전라남도 고흥군 앞바다로 선정된 거야."

"발사장을 만드는 데도 조건이 있다고?"

아이들 모두 처음 들어보는 말에 궁금한 듯 누리를 쳐다보았다.

"로켓이 지구가 잡아당기는 중력을 뿌리치고 우주로 날아오르려면 엄청난 에너지가 필요해. 로켓의 거대한 몸체 대부분이 연료로 채워진 것도 그 때문이야. 그런데 연료를 태워 얻는 에너지에 자연의 힘을 최대한 이용하면 보다 쉽게 날아오를 수 있지 않을까?"

"자연의 힘?"

아이들이 고개를 갸우뚱거렸다.

"발사장을 선정하는 가장 중요한 조건은 적도와 가까운 곳에 발사장을 설치해야 한다는 거야."

누리의 대답에 아이들이 눈을 동그랗게 떴다.

"적도? 지구 가운데를 지나는 적도를 말하는 거야?"

"그래, 지구를 북반구와 남반구로 나누는 그 적도."

"적도는 왜? 지구가 자전하는 힘이 적도에서 더 세기라도 하다는 뜻이야?"

"맞아. 바로 그 이유 때문에 로켓 발사장은 가급적 적도와 가까운 곳에 마련하는 거야. 너희도 지구가 하루에 한 번씩 자전하고 있다는 것은 알고 있지? 그러면 이렇게 한번 생각해 봐."

지구와 닮은 둥근 공이 빠른 속도로 돌고 있다고 가정해 보자. 위아래가 회전력이 더 클까? 아니면 한가운데가 힘이 더 셀까? 이것은 돌팔매를 생각해 보면 쉽게 알 수 있다.

❶ 10cm의 줄에 달린 공
❷ 1m의 줄에 달린 공

1과 2의 줄을 똑같은 힘으로 빠르게 돌리다가 공을 놓으면 어떤 공이 더 멀리 날아가게 될까?

정답은 2번, 1m의 줄에 달린 공이다. 마찬가지로 지구가 자전하는 힘도 극지방보다 적도에서의 힘이 훨씬 세다.

"로켓을 적도 근처에서 쏘아 올리는 것도 똑같은 원리야. 적도에서 자전의 힘이 극지방에서보다 훨씬 크기 때문에 로켓이 조금 더 쉽게 하늘 위로 올라갈 수 있다는 뜻이지. 그래서 우리나라에서도 적도와 가까운 남쪽에 발사장을 건립하는 거야."

"아, 그렇구나!"

아이들이 누리의 설명에 고개를 끄덕였다.

"누리가 살짝 놓친 부분이 있는 것 같은데, 선생님이 보충 설명을 좀 해도 될까?"

"네~~!"

"누리 말처럼 적도에 가까운 곳에 발사장을 건립하는 것도 무척 중요한 조건이란다. 하지만 또 하나 중요하게 고려해야 할 게 바로 로켓을 쏘아 올리는 방향이야."

"방향도 중요하다고요? 그냥 하늘 위로 쏘아 올리는 것 아니었나?"

용재가 모르겠다는 듯 고개를 갸우뚱거리자 선생님이 자세히 설명을 해 주셨다.

"지구는 서쪽에서 동쪽, 즉 시계 반대 방향으로 자전을 하고 있어. 따라서 로켓도 적도 근처에서 자전 방향으로 쏘아 올리면 훨씬 쉽게 우주로 날아오를 수가 있단다.

육상 선수가 100m 달리기 시합을 하고 있다고 가정해 봐. 등 뒤에서 불어오는 바람의 힘을 이용해 달리는 게 편할까? 아니면 맞바람을 맞으면서 뛰는 게 편할까?"

"당연히 등 뒤에서 바람이 불어주면 달리는 데 더 편하겠죠. 기록도 훨씬 잘 나올 수밖에 없고요."

"아하, 그래서 로켓은 지구의 자전 방향과 똑같은 방향으로 쏘아 올리는 것이구나."

선생님의 설명에 아이들이 고개를 끄덕였다.

"그럼 다음 조건은 뭐예요?"

"다음은 안전에 대한 조건인데, 로켓이 날아가는 방향에 꼭 바다가 있어야 한다는 거야."

누리의 설명에 용재가 번쩍 손을 들었다.

"그건 내가 알고 있어! 로켓은 인공위성을 우주로 배달한 다음에 다시 지구로 떨어지잖아. 그때 로켓이 땅 위로 떨어지면 사람들이 다칠까 봐 그런 거 맞지?"

"크크크, 배달이래, 배달. 자장면, 치킨, 피자 배달하는 것도 아니고. 키키킥~~."

아이들이 용재의 설명에 웃음을 터뜨렸다.

"정답이야. 인공위성 로켓은 대부분 다단 로켓이야. 따라서 1단 로켓은 연료를 다 소모하면 다시 지구로 떨어지게 돼. 2단 로켓이 그때부터 다시 연료를 태우며 나아가는 식이지. 그러니까 지구로

떨어지는 1단 로켓이 사람이 많이 살고 있는 도시로 떨어지면 어떻게 되겠니?"

"으아아~~ 상상도 하기 싫다!"

그렇다면 다단 로켓을 사용하는 이유는 무엇일까? 우선 지구에서 출발할 때는 매우 큰 힘이 필요하므로 많은 양의 연료가 필요하다. 따라서 연료로 가득 찬 로켓이 반드시 필요하다. 그런데 연료를 모두 소모해 쓰임새가 모두 끝났음에도 계속 빈 로켓을 달고 다니면 어떻게 될까? 거꾸로 더 많은 에너지를 소모할 수밖에 없을 것이다. 따라서 빈 로켓은 떼어 버리는 것이다.

"마지막 조건은 사람이 많이 살지 않으면서도 교통이 편리해야 한다는 거야. 로켓이 발사될 때마다 엄청난 굉음과 진동이 있을 텐데, 발사장 주위에 사람이 많이 살면 어떻게 되겠니?"

"시끄럽다가 난리가 나겠지!"

"맞아. 그리고 교통이 불편하면 로켓을 이동시키는 데도 문제가 커져. 우리나라는 대전의 항공우주연구원에서 로켓을 만들거든. 그러니까 대전부터 나로우주센터까지 로켓을 이동해야 하는 거지."

"우와, 누리 정말 모르는 게 없다!"

아이들이 누리의 자세한 설명에 감탄을 터뜨렸지만, 채호는 의기양양해 하는 누리가 얄밉기만 했다.

'으이구~ 저 잘난 척! 무엇이든 다 알고 있다는 얼굴이잖아. 저 콧대를 납작하게 만들어 줘야 하는데, 좋은 방법이 없을까?'

총알과 인공위성 중에 누가 더 빠를까?

빵! 빵~~!!

도로가 북새통을 이루고 있었다. 아침나절을 쉼 없이 달린 버스가 고흥군에 가까워질수록 도로에 차가 넘치기 시작해 좀처럼 속력을 내지 못하고 있었던 것이다.

"선생님, 우주센터에 거의 다 왔는데 왜 이렇게 차가 막혀요. 답답해 죽겠어요!"

엉덩이가 내 엉덩이인지 네 엉덩이인지 모를 정도로 불이 난 아이들은 연신 앞좌석 위로 고개를 빼거나 유리창에 코를 박고 밖을 살폈다.

"쯧쯧쯧, 우리 할머니가 급할수록 느긋하게 기다리는 게 최고라고 그랬어. 인공위성이 발사되는 역사적인 순간을 보고 싶은 사람이 어디 우리밖에 없겠냐?"

"어휴, 용재 너는 느긋하게 빵이나 더 드시지!"

채호의 핀잔에 용재가 불끈했다.

"빵 벌써 다 먹었거든!"

용재와 채호의 툭탁대는 소리에 선생님이 한숨을 폭 내쉬고는 자리에서 일어났다.

"우리 4학년 3반 친구들 많이 지루한가 보네?"

"네~~ 버스가 총알처럼 쌩쌩 달렸으면 좋겠어요!"

아이들의 말에 선생님의 눈이 반짝 빛났다.

"총알이라…… 선생님한테 재미난 생각이 떠올랐다. 지루한 참인데 여러분과 함께 재미난 문제를 풀어 볼까? 너희들은 날아가는 총알이 빠를 것 같니, 아니면 우리가 잠시 뒤 보게 될 나로과학위성이 지구를 도는 게 빠를 것 같니?"

"선생님도 참, 당연히 총알이죠. 총알은 눈에 보이지도 않게 빨리 날아가잖아요."

아이들의 당연해 하는 대답에 선생님이 고개를 저었다.

"정답은 인공위성이 더 빠르단다."

우선 총알의 속도를 알아보자. 총알은 대략 1초에 900m를 날아간다(900m/s). 따라서 1시간에 총알은 3,240km를 날아간다고 할 수 있다.

그렇다면 나로과학위성의 속도는 얼마나 될까? 나로과학위성은 1초에 자그마치 8km를 날아간다(8km/s). 이는 서울과 부산을 1분도 안 되는 55초 만에 갈 수 있는 속도로, 나로과학위성은 하루에 지구를 14회나 돌게 된다.

"우와, 대박이다! 인공위성이 총알보다 거의 9배나 빠르다니!"
"지구를 하루에 14번이나 돈다고!"
아이들은 선생님의 설명에 벌어진 입을 다물지 못했다.

"놀라기에는 아직 이르지. 다음 문제를 생각해 볼까. 너희들은 총알과 시간 중에 무엇이 더 빠를 거라고 생각하지?"

선생님의 질문에 아이들이 배꼽을 잡고 웃었다.

"그 문제는 용재도 맞히겠어요."

아이들이 웃으며 용재를 쳐다보았다. 과자를 한 움큼 집어 먹으며 스마트폰 게임에 빠져 있던 용재가 그것도 모르냐는 듯 말했다.

"당연히 시간이 더 빠르지!"

용재의 호언장담에 아이들이 깜짝 놀란 표정을 짓다가 배꼽을 잡고 웃었다.

"우하하하~~ 나 배꼽 빠졌나 봐. 용재 이번에도 틀렸어."

"우리 할머니가 그랬단 말이야. 시간이 화살보다 빨리 간다고!"

아이들의 웃음소리에 용재가 씩씩 화를 냈다.

"조용조용, 그러니까 용재만 빼고 너희들 모두는 총알이 더 빠르다고 생각한다는 것이지?"

"당연한 거잖아요!"

아이들이 이구동성으로 외치자, 선생님이 웃으며 말했다.

"이번 문제는 용재만 맞혔다. 장용재 승!"

"우우우~~ 말도 안 돼요. 어떻게 총알보다 시간이 빨라요?"

"그것 봐. 우리 할머니 말씀이 틀린 게 없다니까. 흐흐."

아이들의 야유에 선생님이 웃으며 대답했다.

"사실 시간이란 물체의 속도를 나타내는 단위이기 때문에 시간의 속도는 정확하게 정해진 것이 아니야. 하지만 생각을 살짝 다르게 해 보면 어떨까?"

우리 지구는 하루에 한 번씩 자전축(남극과 북극을 지나는 가상의 축)을 중심으로 자전을 하고 있다. 따라서 지구의 둘레를 24시간으로 나누면, 지구가 1시간에 몇 킬로미터를 돌고 있는지를 알 수 있게 된다. 즉 지구의 자전속도를 알 수 있게 되는 것이다. 하지만 지구는 둥근 구형이기 때문에 위도에 따라서 자전속도가 달라진다.

적도에서의 자전속도(v)는?

적도면의 반지름은 약 6,400km이다. 따라서 원의 둘레를 구하는 공식 2 × π × r을 대입하면? 적도의 둘레는 2 × 3.14 × 6,400 = 40,192km가 된다.
이것을 24시간으로 나누면 적도에서의 자전속도를 알 수 있게 된다. 40,192 ÷ 24 = 1,674km, 즉 적도에서는 1시간에 지구가 1,674km/h의 속도로 돌고 있는 것이다.

우리나라가 위치한 위도 37도에서의 자전속도는?

우리나라의 위도면 반지름은 5,111km이다. 따라서 우리나라 위도면의 지구 둘레는 2 × 3.14 × 5,111 = 32,097km가 된다. 이것을 24시간으로 나누면, 우리나라에서는 지구가 1시간에 1,337km/h의 속도로 돌고 있는 것이다.

정리하면, 적도에서는 시속 1,674km, 우리나라에서는 시속 1,337km으로 지구가 돌고 있다. 따라서 북극점과 남극점에서는 자전속도가 '0'이라고 할 수 있다.

"앞에서 로켓을 적도와 가까운 곳에서 쏘는 게 훨씬 유리하다고 말했던 이유가 바로 이 때문이야. 위도에 따라 지구의 회전 속도가 이처럼 달라진단다."

선생님의 설명에 아이들이 벌어진 입을 다물 줄을 몰랐다. 지구가 엄청난 속도로 뱅글뱅글 돌고 있다는 사실을 처음 깨달았기 때문이다.

"선생님, 그런데 왜 우리는 지구가 돌고 있는 것을 전혀 못 느끼는 거죠?"

"그 이유는 지구의 자전이 등속운동이기 때문이야. 일정한 속도로 돌고 있기 때문에 속도를 못 느끼는 것이지."

등속운동은 속도가 일정한 운동을 가리킨다. 예를 들어 엘리베이터를 타고 100층 높이의 빌딩에서 내려온다고 가정해 보자. 처음 엘리베이터가 출발할 때면 위로 쑥 올라가는 느낌을 받고, 멈출 때면 아래로 납작하게 오그라드는 느낌이 들게 된다.

하지만 일정한 속도로 엘리베이터가 움직일 때, 우리는 엘리베이터의 속도를 느끼지 못한다. 엘리베이터가 빠른 속도로 움직이고 있는데도 말이다. 마찬가지로 달리는 버스 안에 있을 때 가만히 서 있을 수 있는 것 역시 속도가 거의 일정하기 때문이다.

이처럼 물체가 똑같은 속도로 움직일 때, 그 속에 탄 사람은 속도를 느낄 수가 없다.

"즉 지구의 자전과 공전이 아무리 빨라도 속도가 일정하기 때문에 우리가 지구의 공전과 자전을 느낄 수 없단다."

"그러면 지구가 갑자기 자전이나 공전을 멈춘다면 어떻게 되죠?"

"만약 어느 날 갑자기 지구가 자전이나 공전을 딱 멈추면 아마 지구 안에 있는 모든 것이 우주로 전부 날아가 버릴 거야. 사람뿐만 아니라 태평양의 바닷물도 전부 다 말이야. 하지만 그런 일은 절대 일어나지 않을 테니 용재는 먹던 과자나 마저 드세요."

선생님의 말에 아이들이 박장대소를 했다. 그때 선생님의 설명을 꼼꼼히 듣고 있던 채호가 번쩍 손을 들었다.

"그런데 선생님이 총알은 1시간에 3,240km를 날아간다고 하셨잖아요. 그러면 자전속도가 제일 빠른 적도에서도 1시간에 1,674km밖에 못 가니까 총알이 2배나 빠른 것 아닌가요?"

채호의 지적에 아이들이 고개를 끄덕이며 선생님을 돌아보았다.

"맞아, 채호 말처럼 지구의 자전속도는 총알의 속도보다는 느리지. 그러면 이번에는 지구의 공전속도를 알아볼까?"

지구는 태양 주위를 원 궤도에 가깝게 공전하고 있다.

지구와 태양의 거리는 약 150,000,000km이다. 따라서 원의 둘레를 구하는 공식 $2 \times \pi \times r$에 대입하면 1년 동안 지구가 태양 주위를 942,000,000km 만큼 움직인다는 것을 알 수 있다.

"알았어요! 그러면 방금 전 자전속도를 구하듯 지구가 움직인 거리를 24시간으로 나누면 되죠?"

"지금은 공전을 이야기하는 거잖아. 그러니까 24시간에 365일을 곱해야지!"

"에구구, 그렇게 되는구나."

용재가 씩씩하게 아는 척을 했지만, 누리의 핀잔에 입을 꼭 다물고 말았다.

지구의 공전속도(v)는?

942,000,000 ÷ (24시간 × 365일) = 107,534km. 즉 지구는 1시간에 태양 주위를 107,534km/h의 속도로 돈다고 할 수 있다.

"이처럼 지구가 1시간에 태양 주위를 107,534km의 속도로 움직이고 있으니 총알의 속도보다 훨씬 빠르지 않겠니?"

"선생님, 아무리 그래도 그건 지구의 속도지 시간의 속도는 아니잖아요?"

채호가 반론을 했지만 아이들의 핀잔에 막혀 버렸다.

"용재야 채호 입에 과자 좀 집어넣어. 시끄러워 죽겠어!"

"흥, 나 먹을 과자도 부족하거든!"

아이들의 툭탁대는 소리에 선생님이 웃으며 정리를 해 주셨다.

"선생님이 굳이 시간의 속도라는 엉뚱한 상상을 한 것은 너희들이 고정관념을 깨고 상상력과 창의력을 키우면 좋겠다고 생각해서였어. 그리고 우리가 허투루 쓰는 시간이 얼마나 소중한지를 한 번 더 생각해 보았으면 하는 바람이었단다."

"휴우~~ 선생님 설명을 다 들으니까 머릿속이 더 헷갈려요. 그냥 우리 할머니가 시간이 화살보다 더 빠르다는 말만 듣고 살걸."

한숨을 푹 내쉬는 용재의 말에 아이들이 다시 한 번 웃음을 터뜨렸다.

"나로호다!"

누군가의 외침에 아이들이 우르르 창밖으로 고개를 꺾었다. 하얗고 뾰족한 첨탑처럼 생긴 물체가 산등성이 위로 솟아 있었다.

"정말, 나로호다!"

"야호, 드디어 도착했다!"

파김치처럼 축 늘어져 있던 아이들이 의자를 두드리고, 엉덩이를 들썩거리며 환호성을 내질렀다.

"이제 다 왔으니까, 우리 샘물초등학교 4학년 3반 친구들 말썽 안 부리고 말 잘 들을 수 있지?"

선생님의 말씀에 아이들이 병아리처럼 목을 빼 합창을 했다.

"네, 선생님~!"

"선생님은 용재 손만 꼭 붙잡고 다니시면 돼요."

"오늘도 용재 말썽 부리면 나로호에 태워 우주로 보내 버려요!"

채호의 말에 용재가 회심의 미소를 지었다.

"으흐흐, 그러면 오늘은 기필코 왕 대박 말썽을 부려야지. 그러면 우주로 날아갈 수 있잖아."

용재의 말에 선생님과 아이들이 눈을 동그랗게 떴다.

"뭐, 뭐라고? 호호호~~!"

나로호, 하늘로 날아오르다

"우와~~ 엄청나다!"

마침내 나로우주센터에 도착한 아이들은 입을 다물지 못했다. 나로우주센터 근처는 나로호 발사를 보러온 사람들로 북새통을 이루고 있었다. 발사 당일이라 철저한 통제가 이루어지고 있어 나로호 근처까지 갈 수는 없었지만, 멀리서도 느껴지는 나로호의 웅장한 위용에 아이들의 얼굴에서는 황홀한 표정이 떠나질 않았다.

"우리 대한민국의 첫 위성 발사 로켓인 나로호를 직접 본 소감이 어때?"

"울트라 짱 멋있어요~~!"

아이들이 목소리를 높일 때, 고개를 쭉 빼고 나로호를 보고 있던 용재가 물었다.

"선생님, 그런데 인공위성은 어디에 있어요? 아무리 찾아도 안 보여요. 위성아, 위성아, 어디에 있니?"

"으이고, 저 멍청이. 인공위성은 로켓 꼭대기 속에 들어 있단 말이야!"

"애개, 크기가 고작 그것밖에 안 돼? 그런데 저렇게 큰 로켓은 왜 필요한 거야?"

"그만큼 지구의 대기권을 돌파하기가 무척이나 어렵다는 뜻이야. 엄청난 힘과 속도가 아니면 지구가 끌어당기는 중력을 벗어날 수가 없거든."

선생님의 설명에 채호가 고개를 갸우뚱거렸다.

"선생님, 비행기도 빨리 날면 중력을 벗어날 수 있지 않을까요? 미국이나 러시아에 있는 최첨단 비행기들은 음속보다도 훨씬 빨리 날 수 있다고 하던데……."

채호의 질문에 선생님이 고개를 저었다.

"아쉽게도 아무리 빨리 하늘을 날 수 있는 비행기도 로켓처럼 우주로 날아오를 수는 없어. 그 이유는 바로 엔진의 차이점 때문이란다."

비행기에 장착된 제트 엔진과 로켓의 엔진 사이에는 아주 큰 차이점이 존재한다. 바로 연료를 태우는 공기의 유무다.

연소, 즉 불이 붙기 위해서 가장 필요한 것은 무엇일까? 정답은 공기 중에 포함된 '산소'다. 따라서 공기가 없는 진공 상태에서는 불을 붙여도 연소가 이루어지지 않는다.

비행기를 자세히 관찰하면 1~2개의 커다랗게 뚫린 구멍을 볼 수 있는데, 그것이 바로 공기 흡입구이다. 이 흡입구에서 공기를 빨아들여 강하게 압축해 연료와 함께 분출하고, 거기에 불을 붙여 그 반작용으로 비행기가 앞으로 빠르게 날아가게 된다. 이것이 바로 제트 엔진의 기본 원리라고 할 수 있다.

하지만 일정 고도에 올라가면 더 이상 공기가 없는 지점에 도달하게 된다. 연료와 결합해 불을 붙일 산소가 없게 되는 것이다. 그러면 제트 엔진은 갑자기 멈추게 되고, 추진력을 잃은 기체는 아래로 추락할 수밖에 없다.

따라서 로켓은 제트 엔진처럼 공기 중에서 산소를 얻는 방식이 아니라, 로켓 안에 산소를 미리 준비한다. 그것을 바로 산화제라고 한다.

"그러니까 저 커다란 로켓의 90%가 전부 연료랑 연료와 함께 타는 산화제라는 말이죠?"

"그래, 용재가 선생님 말을 잘 정리했네."

"어휴, 정말 지구를 떠나는 일은 너무 어렵구나!"

한숨을 폭 내쉬는 용재를 보던 채호가 궁금증이 인 듯 선생님께 물었다.

"그러면 인공위성은 우주에서 어떻게 움직이는 거예요? 1초에 8km라는 속도로 움직이려면 엄청나게 많은 연료가 필요할 텐데, 인공위성은 너무 작잖아요?"

"좋은 질문이야. 우주에서 인공위성은 어떻게 1초에 8km라는 엄청난 속도를 낼 수 있을까? 힌트는 바로 우주에 공기가 없다는 데 있어."

선생님의 말에 누리가 번쩍 손을 들었다.

"우주에는 공기가 없으니까 저항, 즉 마찰력도 없을 거예요. 결국 8km의 속도를 낼 수 있게 힘을 주면 다음부터는 계속해서 8km의 등속운동을 하게 될 거예요."

"빙고, 누리가 정답을 맞혔다."

선생님의 말에 누리의 어깨가 으쓱해졌다.

"그러면 인공위성에는 연료가 전혀 필요가 없겠네요?"

"아니, 인공위성에도 연료가 필요하단다. 바로 다음과 같은 이유 때문이지."

인공위성은 내부의 고체연료와 외부의 태양 전지판을 통해 가동된다. 인공위성 외부에 장착된 태양 전지판으로 얻은 전력은 주로 지상과의 교신을 위해 사용된다. 나로과학위성의 전력은 약 160와트로 우리가 쓰고 있는 컴퓨터 1대에 드는 전력 정도에 불과하다.

내부에 준비된 고체연료는 인공위성의 자세를 잡아 주는 역할을 한다. 인공위성은 태양풍, 우주 자력, 혹은 미세 운석과의 충돌에 의해 순간순간 정해진 궤도를 이탈하게 된다. 그때 인공위성이 제 위치에 있도록 도움을 주는 데 고체연료가 사용된다.

선생님의 설명이 끝났을 때, 장내의 스피커에서 안내방송이 들리기 시작했다.

대한민국 최초 위성 발사 로켓의 카운트다운을 시작하겠습니다.

"시작했다!"
안내방송에 우주센터 전망대에 삼삼오오 모여 있던 관람객들이 하나둘 나로호를 주시하기 시작했다. 그리고 마침내 카운트다운이 시작됐다.
"구!"

"팔!"

"칠!"

아이들뿐만 아니라 발사장을 찾은 남녀노소 모두가 카운트다운을 목청껏 외쳤다. 누리는 두 손을 꼭 쥐고 간절히 기도하고 있었다.

"사!"

"삼!"

땅이 지진이 난 듯 울리기 시작했다. 거대한 몸체의 나로호가 당장에라도 하늘 위로 솟구칠 듯 몸부림을 쳤다.

"이!"

"일!"

"발사!"

모두의 외침 속에 나로호의 엔진에서 엄청난 화염이 뿜어져 나오기 시작했다.

나로호가 시뻘건 불꽃과 땅을 부술 듯한 굉음을 토하며 하늘로 날아올랐다. 모두가 숨을 멈추고 하늘로 솟구치는 나로호에서 눈길을 돌릴 수가 없었다. 나로호가 엄청난 속도로 하늘 높이, 하늘 저 멀리 나아가고 있었다.

"제발 성공해 주세요. 제발……."

간절하게 기도하는 누리의 모습을 보며 채호 역시 두 손을 모았다.

'나로호야, 누리가 나 안 잡아먹게 이번에는 제발 멋지게 성공해라. 꼭!'

채호뿐만이 아니었다. 우주센터에 모인 사람들 모두가 한마음 한뜻으로 하얀 점으로 멀어져 가는 나로호를 바라보았다.

그리고 잠시 뒤 실시간으로 나로호의 상황이 중계되기 시작했다.

나로호 발사 일지 정리

고도 177km에서 상단 덮개(페어링) 분리

1차 발사 실패의 원인이 바로 이 페어링 분리 실패에 있었다.

16초 뒤, 1단 로켓 분리

수명을 다한 1단 로켓은 폭발과 같은 안전상의 문제를 제거하기 위해 분리돼 지상으로 추락한다. 나로호의 상단 페어링과 1단 로켓은 필리핀 공해상에 추락.

고도 300km에서 2단 로켓 점화

초속 8km까지 가속한 2단 로켓이 한 치의 오차 없이 나로과학위성을 밀어내 궤도에 올려놓는 데 성공. 임무를 끝낸 2단 로켓은 인공위성과의 충

돌을 피하기 위해 정확히 90도를 틀어 다른 길을 찾는다. 그리고 10여 년간 우주를 떠돌다 지상으로 추락하게 된다.

나로과학위성 궤도 진입 성공

나로과학위성은 지구 상공 300~1,500km 사이의 타원형 궤도를 따라 초속 8km로 한반도 상공을 하루에 14번 지난다.

신기한 위성 이야기

인공위성의 수명은 어떻게 될까?

인공위성은 통신이나 관측 같은 주어진 임무를 수행하는 기능이 정지된 시점을 수명이 다한 것으로 본다. 인공위성의 기능이 정지되는 요인은 다음과 같다.

❶ 송신기 고장에 의한 통신 정지
❷ 미소(微小) 운석과의 충돌
❸ 태양 방사선과 같은 장해로 인한 오작동
❹ 탑재 전원(電源)의 소모

인공위성의 수명은 연료가 모두 소모되는 데 걸리는 시간으로 잡는다. 그 뒤에는 우주 쓰레기로 우주에서 계속 떠돌거나, 연료가 떨어지기 직전에 지구로 들어오는 명령을 내려 대기권에서 태워 버리는 경우도 있다.

이번에 쏘아 올린 나로과학위성은 소형위성으로 1년 치 연료만 내장되어 있다. 따라서 예상 수명은 1년이라고 할 수 있다. 그러나 저궤도 위성은 수명이 3~5년 정도 되는 경우가 많기에 운용 기간이 늘어날 것으로 예상된다. 특히 임무가 정지돼도 위성이 지상으로 추락하기까지 20년 이상 걸리기 때문에 최소한 2035년까지는 지구 주위를 돌 것으로 예상된다.

대한민국의 우주 개발은 바로 지금부터!

"아빠!"

누리가 갑자기 통제구역 쪽으로 달려가 한 아저씨의 품에 안겼다. 바로 4학년 3반 친구들을 나로우주센터에 초청한 누리의 아빠였다.

'꼭 몇 년 만에 만난 아빠랑 딸 같잖아. 빼빼 마른 산적처럼 생겼다!'

채호의 생각처럼 누리 아빠는 홀쭉한 몸매에 얼굴에는 수염이 덥수룩했다.

"우리 친구들, 나로호가 우주로 날아오르는 모습 어땠니?"

"짱 멋있었어요~~!"

나로호 발사 때의 굉음만큼 요란한 대답이 아이들에게서 터져 나왔다.

"이렇게 멀리까지 찾아와 나로호가 발사에 성공할 수 있도록 기도해 준 누리 친구들에게 아저씨가 나로우주센터를 대표해 감사의 인사를 해야겠구나. 정말 고맙다, 얘들아."

"당연하죠. 그런데 왜 이렇게 실패를 많이 한 거예요? 누리가 그동안 얼마나 걱정을 많이 했는지 아세요? 점심도 먹는 둥 마는 둥 해서 저 홀쭉해진 얼굴 좀 보세요. 보는 제가 가슴이 찢어졌다고요!"

용재의 말에 아저씨가 깜짝 놀라 누리를 쳐다보았다.

"누리 남자 친구니?"

누리가 황당한 얼굴로 고개를 마구 젓고는 용재를 째려봤다.

"장용재, 너 맛 좀 볼래!"

"너 이 자식, 누리가 걱정이었던 게 아니라 맛있는 점심을 남기는 게 아까웠던 거잖아!"

채호의 말에 아이들이 정답이라며 웃음을 터뜨렸다. 누리 아빠가 빙그레 웃으며 대답을 했다.

"용재라고 했지? 용재 말처럼 아저씨를 비롯해 나로호를 만들던 모든 연구진이 정말 미안하구나. 특히 우리 누리에게는 아빠로서 할 말이 없단다. 올여름부터는 집에 들어가지도 못했으니. 미안하다, 누리야."

"저는 하나도 안 힘들었어요. 힘든 것은 아빠였죠."

"아니, 발사에 실패할 때마다 수많은 비난에 직면했지만, 우리 나로우주센터 연구진은 더 큰 힘을 냈단다. 더 큰 도전이기에 성공했을 때의 기쁨은 더 큰 것 아니겠니? 그래서 이렇게 누리와 누리 친구들에게 나로호가 멋지게 하늘 위로 날아오르는 모습을 보여 줄 수 있게 됐으니 정말 다행이구나."

누리 아빠의 얼굴에는 강한 자부심이 고스란히 드러나 있었다.

"누리 아빠 정말 멋있다. 그치? 내 장인어른으로 합격이다. 으흐흐."

누리에게 혼날까 소곤대는 용재의 말에 채호는 다시금 누리 아빠를 바라보았다. 며칠 동안 잠도 못 잔 듯 까칠한 얼굴에는 굵은 수염이 덥수룩했고, 눈은 토끼 눈처럼 빨갛게 달아올라 있었다. 그런데…… 용재 말처럼 정말 멋져 보였다. 채호는 문득 언젠가 엄마와 나눴던 말이 떠올랐다.

"엄마는 만날 일만 하는 아빠가 어디가 멋있어서 결혼했어요?"

"그러게 말이야. 엄마가 감쪽같이 속았지 뭐니. 그런데 남자는, 아니 남자만이 아니라 사람이 가장 아름다워 보일 때가 언제인 줄 아니? 바로 자신이 사랑하는 일에 푹 빠져서 열심히 노력할 때야."

그때는 아무리 생각해도 엄마의 말을 이해할 수가 없었다. 하지만 이제는 조금은 이해할 수 있을 것도 같았다.

"자, 누리 아버님께서는 아직 할 일이 많으시니까 그만 인사드리는 게 어떨까?"

선생님의 말에 아이들이 말도 안 된다는 듯 고개를 저었다.

"금방 만났는데 금방 헤어지면 누리가 불쌍하잖아요."

"나 하나도 안 불쌍하거든! 그리고 아직 발사가 모두 끝난 게 아니라, 아빠는 빨리 들어가 봐야 해."

"아직 끝난 게 아니라고? 무슨 소리야? 폭발도 안 하고 무사히 잘 올라갔잖아."

채호의 질문에 누리 아빠가 설명을 했다.

"나로호 발사가 최종 성공을 확인하는 순간은 나로과학위성이 정상 궤도에 올라 지상국과 원활한 교신이 이루어졌을 때란다. 생각해 보렴. 정상 궤도에 위성이 올라갔는데 어딘가가 고장이 나서 지상과 교신이 되지 않으면 어떻게 되겠니? 아무 쓸모가 없어지는 것이잖아. 이 교신을 내일 오전에 하게 된단다."

"아, 그렇구나. 그런데 나로과학위성은 이제 우주에서 무얼 하게 되는 건가요?"

"음, 나로과학위성을 설명하기 전에 우선 인공위성의 목적에 대해 설명해 볼까. 인공위성은 우리가 미처 모르고 있는 일상생활

곳곳에 수많은 도움을 주고 있단다. 인공위성은 목적에 따라 과학탐사용, 기상관측용, 방송통신용, 항행용, 지구관측용, 군사용 등으로 분류할 수 있어."

인공위성의 종류

과학탐사위성 : 과학탐사위성은 과학 연구에 필요한 다양한 자료를 수집하는 위성이다. 지구와 지구 대기에서 발생하는 변화를 기록하고, 우주의 구조와 영향에 대한 정보를 수집하거나, 우주의 각종 전파나 감마선, X선 등을 관측해 지구에 미치는 영향에 관한 자료를 수집한다. 세계 최초의 인공위성인 소련의 '스푸트니크 1호'와 미국 최초의 인공위성인 '익스플로러 1호' 역시 과학탐사위성이었다. 일부 과학탐사위성들은 지구가 아닌 다른 행성, 즉 달 및 태양 주위를 돌며 우주에 대한 다양한 정보를 수집하고 있다.

기상관측위성 : 지표면의 구름 분포나 기압 배치 등 기상 변화를 관측해 수집한 정보를 날씨 예측에 제공하는 위성이다. 우리가 일기예보를 통해 날씨를 예측할 수 있는 것도 모두 기상위성의 도움 덕분이다.

방송통신위성 : 대륙 간의 방송통신서비스를 중계하는 위성이다. 전 세계

의 다양한 국가에 살고 있는 사람들과 실시간으로 전화, 팩스, 화상회의 등을 할 수 있고, 외국의 재미난 스포츠 경기를 생중계로 시청 가능한 것 역시 모두 통신위성의 역할 때문이다.

항행위성 : 항행 중인 선박이나 항공기에 현재의 위치 정보를 제공하는 위성이다. 미국의 위성 위치확인시스템(GPS)에 사용되는 '나브스타 위성' 등이 대표적인 항행위성이다.

지구관측위성 : 자원 탐사, 환경 감시, 지도 작성 등 지구를 관측하는 비군사용 인공위성이다.

군사위성 : 핵시설이나 미사일 발사기지 등 군사시설을 정찰하기 위해 목적지 상공을 선회하면서 사진을 촬영해 데이터를 전송한다. 사진정찰 외에 적외선탐지, 전자정찰, 군사통신, 기상관측 등도 가능하다.

"이 중에서 흥미로운 위성 하나만 예로 들어 볼까. 여러분도 혹시 GPS 인공위성이란 말 들어 본 적 있지? 바로 차량에 달려 있는 내비게이션도 GPS 인공위성의 도움을 받고 있단다."

GPS(Global Positioning System) 인공위성 : 공식 명칭은 나브스타

(NAVSTAR) 인공위성으로 미국 공군에서 무기 유도, 항법, 측량 등의 군용 목적으로 개발했지만, 최근에는 지도 제작, 측지, 시각 동기 등의 민간용 목적으로도 다양하게 사용된다. 특히 무료로 전 세계에 위치 정보를 제공하고 있다. GPS 인공위성은 고도 2만km 상공에서 1개의 인공위성이 아니라 24개(실제는 그 이상)의 인공위성에서 발신하는 마이크로파를 수신하여 위치를 결정한다.

"24개 이상의 인공위성이 왜 필요해요?"
"이건 여러분이 이해하기에 조금은 어려운 부분인데, 차근차근 설명해 볼 테니 잘 들어 보렴."

GPS 수신기(예: 차량에 달린 내비게이션)가 현재의 위치를 정확히 알기 위해서는 3개 이상의 GPS 위성으로부터 송신된 신호가 필요하다.

❶ 위성 1에서 송신된 신호와 수신기에 수신된 신호의 시차를 측정한다.
❷ 시차를 통해 위성과 수신기 사이의 거리를 구할 수 있다.
❸ 이때 송신된 신호에는 위성의 위치에 대한 정보가 들어 있다.
❹ 마찬가지로 위성 2와 위성 3을 통해 1→2→3의 과정을 수행한다.
❺ 3개 위성과의 거리와 각 위성의 위치를 알 수 있게 된다.
❻ 삼변측량을 이용해 수신기의 정확한 위치를 계산할 수 있다.
❼ 오차를 줄이고자 보통 4개 이상의 인공위성을 이용한다.

❽ 둥근 지구의 어느 곳에서든 정확한 위치 정보를 파악하기 위해서는 최소한 24개 이상의 인공위성이 필요하다.

"으아악! 머릿속이 로켓 엔진처럼 불이 나고 있어요!"

머리를 쥐어뜯는 용재의 모습에 아이들이 웃음을 터뜨렸다.

"바보, 네가 모르는 길을 찾아갈 때 어떻게 하니? 한 사람에게 위치를 묻는 것보다 여러 사람에게 위치를 물으면 보다 정확한 위치를 알 수 있게 되잖아.

왜냐하면 각각의 사람들이 알고 있는 정보는 저마다 다른데, 그것들을 수집하다 보면, 공통된 정보가 보일 테고, 그곳이 바로 우리가 찾는 목적지일 테니 말이지. 여러 대의 인공위성을 이용하는 것도 그와 같은 이치라는 뜻이야."

채호의 설명에 아저씨가 눈을 동그랗게 떴다.

"누리 친구의 설명이 정말 그럴듯한데! 맞아, 바로 그런 원리란다. 아무튼 정확히 이해하기에는 무척 어렵지? 아저씨가 여러분에게 하고 싶었던 말은 우리가 편리하게 이용하는 자동차의 내비게이션 하나에도 인공위성의 도움이 숨어 있다는 것을 여러분이 꼭 기억했으면 하고 싶어서란다."

"음, 앞으로는 차를 탈 때마다 내비게이션에 고맙다고 인사를 해야겠군."

고개를 끄덕이는 용재의 말에 아이들이 다시 웃음을 터뜨렸다.

"이제 처음으로 돌아가서 나로호에 실어 우주로 띄워 올린 나로과학위성의 임무에 대해 설명을 해 볼까?"

"네~~!"

아이들의 힘찬 대답에 아저씨가 웃으며 설명을 시작했다.

나로과학위성의 역할은 어떻게 될까?

나로과학위성의 첫 임무이자 가장 큰 임무는 정상 궤도에 진입하는 것이다. 위성이 궤도에 잘 진입한다면 나로호가 인공위성을 쏘아 올릴 능력이 있다고 볼 수 있다.

정상 궤도에 진입하면 나로과학위성은 과학 실험을 수행한다. 나로호 1, 2차 발사 때 탑재했던 과학기술위성은 '라디오미터'라는 특수 장비를 이용해 대기의 수분량을 측정하고 지구 복사에너지를 파악하는 등 지구 환경을 정교하게 관측할 계획이었지만, 나로과학위성은 시간과 예산의 제약 때문에 국산 장비가 우주에서 제대로 작동하는지 시험하는 '검증 위성'의 성격이 강화되었다. 그러나 나로과학위성 역시 기본적으로 태양 플라스마 측정, 지표면 온도 관측 등 다양한 과학 자료를 수집하게 된다.

태양 활동을 측정하는 랭뮤어 탐침, 위성 간 편대비행에 쓰이는 펨토초레이저 발진기, 적외선 카메라 등 나로과학위성에 달린 장비들은 모두 국내의 대학과 기업이 자체 개발한 장비들이다.

랭뮤어 탐침 : KAIST에서 개발해 기존보다 100배 이상 정밀도를 높인 탐침 장비로 태양의 움직임을 관측한다. 우주 공간에는 태양에서 나온 플라스마 입자가 떠돌아다니는데, 랭뮤어 탐침이 전자의 온도와 밀도, 플라스마 입자의 에너지 변화 등을 측정해 태양의 변화를 포착해 낸다. 초강력 태양 폭풍이 지구를 강타할 것으로 예상하는 만큼 나로과학위성이 보내는 데이터가 우주 날씨를 예측하는 데 큰 도움이 될 전망이다.

펨토초레이저 발진기 : 레이저 광선을 만드는 장비로 나로과학위성이 세계에서 처음으로 장착했다. 펨토초레이저는 1초 동안 1,000조 번 진동하면서 강력한 레이저 광선을 만든다. 이 레이저 광선을 전파 대신 지상과의 통신 수단으로 쓰면 전력량이 줄어들고, 통신 거리가 더 길어져 대용량 데이터를 전달하기도 쉬워진다. 이를 이용하면 소형위성 여러 대가 펨토초레이저로 신호를 주고받으며 대형 인공위성 1대처럼 임무를 수행하는 것도 가능하다.

"그런데 이번 로켓 발사에는 러시아 로켓을 사용했다고 들었는데, 왜 우리는 우리만의 로켓을 못 만드는 거예요? 우리 기술이 정말 형편없기 때문인가요?"

채호의 질문에 아저씨가 안타까운 표정으로 고개를 저었다.

"물론 아직 100% 우리만의 기술로 1단 로켓을 만들기에는 부족한 부분이 있단다. 하지만 몇 년 안에 독자적인 기술로 충분히 로켓을 만들 수 있게 될 거야. 물론 여러 문제가 있는 것도 사실이지. 특히 우리나라는 미국과의 미사일 지침 협정 때문에 고체연료 로켓을 만드는 데 한계가 있단다."

"액체연료와 고체연료에는 어떤 차이점이 있는데요?"

채호의 질문에 누리 아빠가 각각의 장단점을 설명했다.

액체로켓 : 액체로켓은 연료가 액체인 로켓이다. 액체연료가 고체연료보다 에너지가 크기 때문에 무거운 위성이나 화물을 우주로 쏘아 올릴 때 주로 사용한다.

고체로켓 : 고체로켓은 발사 준비 시간이 짧아서 대륙간탄도미사일 등 주로 무기에 쓰이지만, 최근에는 저궤도 로켓에도 활용되고 있다.

대한민국의 로켓 자력 개발을 막는 걸림돌 중에 하나가 고체연료 사용을 제한하는 '한미 미사일 지침'이다. 현재 한국이 만들 수 있는 고체로켓의 성능은 총추력 100만 파운드 이하, 즉 사정거리 300km 수준이다. 나로호 2단에 쓰인 고체로켓이 이 정도 추력인데, 미사일 협정 때문에 맞춰 개발할 수밖에 없었던 것이다.

이 때문에 우리가 개발 중인 한국형 로켓은 모두 액체로켓이다. 액체로켓은 고체로켓에 비해 추력 제어가 쉽지만, 순간 추진력이 약한 단점이 있다. 따라서 액체로켓에만 의존해야 하는 우리에게는 불리할 수밖에 없다. 실제로 세계의 로켓 대부분은 액체로켓과 고체로켓을 함께 쓰는 형태다. 만약 고체로켓의 추력을 늘릴 수만 있어도, 그 활용 범위를 더욱 넓힐 수 있다.

"정리하자면, 나로호 로켓은 1단은 러시아의 액체로켓, 2단은 우리의 기술력으로 만든 고체로켓이란다. 앞으로는 미국과의 협정을 통해 1단 로켓도 고체연료를 함께 쓸 수 있도록 반드시 개선해야 한단다."

"그런 것도 모르고 나로호 발사가 아무것도 아니라고 마구 떠드는 사람들이 있다니! 여기에도 불평쟁이가 한 명 있거든요."

아이들이 우르르 채호를 째려봤다.

"나, 나는 뉴스에서 본 대로 이야기했을 뿐이라고!"

채호가 억울하다는 듯 소리치자 누리 아빠가 고개를 끄덕였다.

"괜찮단다. 두 번이나 실패를 했으니 그 정도 비판이야 당연한 것 아니겠니? 하지만 너희뿐만 아니라 우리나라 모든 국민이 꼭 알아줬으면 하는 게 있단다. 바로 대한민국 과학자들은 두 번의 실패를 겪고, 실패를 극복하는 과정에서 엄청난 기술을 습득할 수 있었다는 점이야."

용재가 주먹을 불끈 쥐었다.

"발명왕 에디슨이 실패를 통해 엄청난 발명을 했던 것처럼 말이죠?"

"맞아. 누리 친구가 정말 똑똑하구나!"

누리 아빠의 말에 아이들이 키득키득 웃으며 용재를 쳐다보았다. 용재는 누리 아빠의 칭찬에 어깨가 으쓱해지는 기분이었다.

"그러면 이제 우리나라는 어떤 계획을 갖고 있나요?"

채호의 질문에 아저씨가 우리나라가 앞으로 진행할 우주 개발 계획에 대해 설명했다.

한국형 로켓 개발 사업이란?

대한민국의 기술만으로 인공위성을 띄울 수 있는 로켓을 확보하는 계획이다. 2021년까지 1.5톤급 실용위성을 발사할 수 있는 로켓 개발을 목표로 하고 있다. 이를 토대로 2025년에는 달 탐사까지 도전할 계획이다.

"2021년까지 계획이 달성된다면 한국은 고유의 기술로, 자국에서, 자국 발사대를 통해 위성을 띄울 수 있는 단계에 도달하는 것이야. 그리고 다음에는 무인 달 탐사선을 발사하는 것이 목표란다."

누리 아빠의 말에 아이들이 깜짝 놀라 물었다.

"우리가 달을 탐사한다고요?"

"그래, 적어도 2030년 전까지는 우리나라의 탐사선이 달을 탐사하는 날이 오게 될 거란다. 여러분 중에 그 주인공이 나오지 말란 법도 없지."

"저요, 저요~~!!"

아이들 모두가 손을 번쩍 들고, 대한민국 최초 달 탐사선의 주인공이 될 희망에 부풀어 올랐다.

신기한 위성 이야기

스페이스 클럽(Space Club)이란?

자국 영토 내에서 자국 기술로 인공위성 및 로켓을 우주로 띄워 올릴 수 있는 국가들의 모임을 의미한다. 스페이스 클럽에 가입했다는 것은 전 세계 국가들을 우주 개발 기술 수준으로 분류했을 때 가장 높은 A그룹에 속한다는 의미로 해석된다.

우리나라는 러시아, 미국, 프랑스, 일본, 중국, 영국, 인도, 이스라엘, 이란, 북한에 이어 11번째로 스페이스 클럽에 가입하게 되었다.

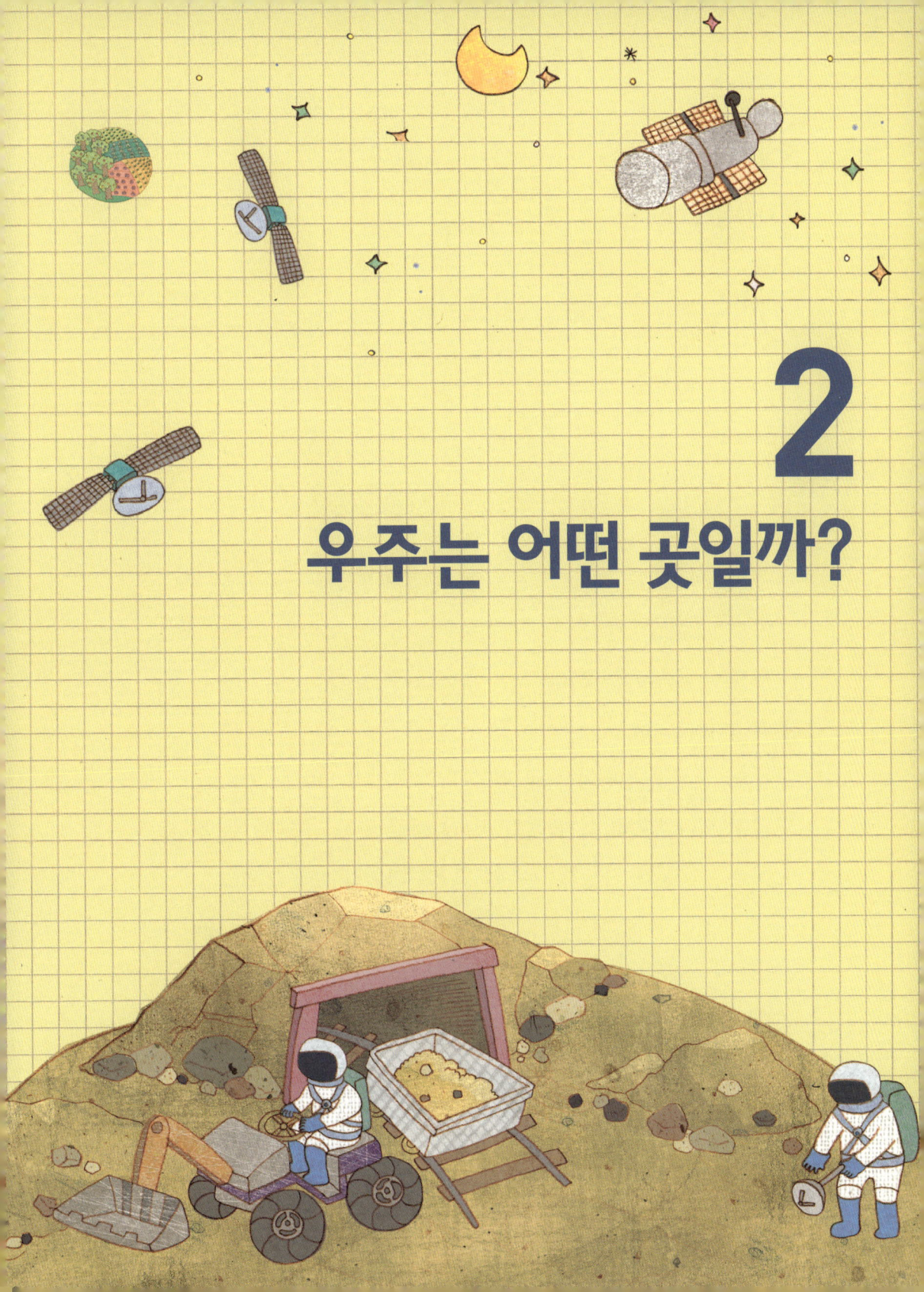

2
우주는 어떤 곳일까?

보이저 1호와
창백하고 푸른 점, 지구

"으으으, 정말 피곤하다. 나는 태어나서 그렇게 오래 버스를 탄 건 처음이야."

"맞아. 지금도 엉덩이가 내 엉덩이가 아닌 것 같아."

"그래도 나로호 발사를 직접 본 건 정말 멋진 경험이었던 것 같아. 우리 누나한테 자랑했더니 얼마나 부러워하던지. 크크크."

"내 동생은 어제 하루 종일 엄마 붙잡고 울었대. 자기도 데려다 달라고 말이지."

"다른 반 아이들은 어떻고? 다들 부러워서 몸을 배배 꼬더라고."

어젯밤 집에 늦게 도착한 탓에 피곤이 덜 풀린 듯 연신 하품을 하면서도 아이들은 나로호 얘기에 신이 나 있었다. 평생 기억에 남을 멋진 추억을 가지게 되었다는 것은 정말 환상적인 일이었다.

'아함~ 정말 피곤하긴 엄청 피곤하네.'

채호 역시 하품을 하느라 눈시울이 축축했다. 하지만 몸은 피곤해도 왠지 가슴 한구석이 뿌듯한 느낌이었다. 채호는 친구들 사이에 주인공처럼 둘러싸여 즐겁게 이야기를 나누고 있는 누리를 보며 너그러운 척 아량을 베풀었다.

'흠, 오늘은 잘난 척해도 이 몸이 딱 세 번쯤은 참아 주지. 하지만 네 번째부터는 어림도 없다고!'

딩동~~ 수업 시간 종소리가 울리고 선생님이 교실로 들어왔다.

"오늘 아침 뉴스에서 우리의 나로과학위성이 무사히 지구와 교신에 성공했다는 소식 모두 들었지?"

"네, 선생님~~!"

선생님의 말씀에 아이들이 환호성을 질렀다.

"기특한 녀석, 무사히 제 갈 길을 잘 가고 있구나!"

"나로과학위성이 네 동생이냐? 기특한 녀석이 뭐야?"

"나보다 늦게 태어났으니까 동생 맞지. 나 이제부터 나로위성을 내 동생으로 삼기로 했다."

용재의 말에 아이들이 박장대소를 했다.

"자, 오늘은 수업 전에 어제 떠났던 현장학습에 대한 이야기를 조금 더 나눌까?"

"네~~~!"

"어제 나로과학위성이 1초에 8km라는 어마어마한 속도로 지구 주위를 돌게 될 거라고 이야기했지. 그렇다면 인간이 만든 물체 중에서 가장 먼 거리를 이동한 것은 무엇일까? 그리고 가장 빠른 속도를 내는 물체는 무엇일까?"

선생님의 질문에 아이들이 이구동성으로 대답했다.

"몰라요~~!"

"으이구, 선생님은 우리 반 친구들이 조금이라도 고민하고 대답하면 정말 좋겠다."

"어차피 선생님이 전부 가르쳐 주실 거잖아요."

아이들의 말에 선생님은 한숨을 폭 내쉬고는 어쩔 수 없다는 듯 정답을 말했다.

"그래, 선생님이 문제 내고 답도 하마. 정답은 보이저 1호란다. 1977년 9월 5일 지구에서 우주로 발사된 무인우주탐사선이야."

"1977년이면 우리 아빠랑 똑같은 나이잖아! 엄청 늙었겠다. 흰머리도 낳겠네."

용재의 말에 아이들이 배꼽을 잡고 웃었다.

1970년대 미국은 원대한 계획을 세웠다. 목성과 토성을 탐사해 태양계의 신비를 푸는 '보이저 계획'이 바로 그것이다. 나사(NASA)는 계획에 따라 무인우주탐사선 보이저호 개발에 착수해 보이저 1호와 보이저 2호를 1977년 우주로 쏘아 올렸다.

보이저 1호는 1979년 3월 목성을 통과하고, 1980년 11월 토성에 도착해 두 행성의 상세한 영상을 최초로 찍어 지구로 전송했다. 이외에도 보이저 1호는 목성의 위성 '이오'에서 화산을 발견하고, 위성 '유로파'의 얼어붙은 표면 밑에서 바다의 흔적을 찾았으며, 토성의 고리가 1,000개 이상의 선으로 이뤄졌다는 사실 등을 밝혀냈다.

"그러니까 우리가 책이나 텔레비전 화면을 통해 보고 있는 화성, 목성, 토성, 천왕성, 해왕성 같은 행성들의 선명한 사진들은 모두 보이저호가 찍은 사진들이란다."

선생님의 설명에 아이들이 탄성을 터뜨렸다.

"우와, 대단하다. 그런데 1977년부터 쉬지 않고 우주를 날아갔으면 엄청나게 멀리 갔겠다. 선생님, 보이저 1호는 지금 어디쯤 가고 있어요?"

채호의 질문에 선생님이 빙긋 웃음을 지으며 되물었다.

"채호 말처럼 보이저 1호는 37년 동안 쉼 없이 우주를 달렸어. 그러면 지금 어디쯤 가고 있을까? 참고로 보이저 1호는 현재 초속 17km로 달리고 있는 중이야. 총알보다도 20배나 빠른 속도로, 예를 들어 서울에서 부산까지 20초 정도면 갈 수 있는 어마어마한 속도지."

스윙 바이(Swing-by) 항법

보이저 1호는 태양계 주요 행성의 인력(引力)을 이용한 스윙 바이(Swing-by) 항법으로 점점 더 가속도가 붙고 있어 초속 약 17km라는, 지금까지 인류가 만든 물체 중에서 가장 빠른 속도로 날아가고 있다.

"그렇게 빨리 날아갈 수 있다니! 그러면 벌써 다른 별까지 갔겠네요?"

"안드로메다 성운에 도착하지 않았을까?"

아이들이 저마다 상상의 날개를 펼쳤지만, 선생님의 대답은 기대와는 전혀 달랐다.

"아쉽지만, 전부 오답입니다. 몇 달 전인 2012년 12월 4일에 나사(NASA)가 이에 관한 아주 중대한 발표를 했어. 바로 보이저 1호가 태양계의 끝인 태양권 계면을 벗어나 새로운 영역으로 진입하고 있다는 내용이었단다. 정말 엄청난 소식이지 않니?"

처음 목성과 토성 탐사를 목적으로 개발된 보이저 1호는 애초 1989년에 임무를 종료할 예정이었다. 그러나 개발자들의 예상을 뛰어넘어 종료 시점으로부터 23년이 지난 지금까지도 지구 반대편을 향한 항해를 계속하여 태양계를 감싸고 있는 태양계 외곽 경계지대인 '헬리오시스(태양권 덮개)'에 들어섰다. 현재 보이저호는 태양으로부터 약 184억km 거리에 있으며, 이는 빛의 속도로도 17시간을 가야 하는 거리이다. 보이저 1호는 늦어도 2016년경 태양계를 벗어나 성간 우주에 들어설 것으로 예측되고 있다.

용재가 선생님의 설명에 이상하다는 듯 물었다.
"1초에 17km를 달린다면서 이제 고작 태양계를 벗어나고 있다구요? 뭐가 그래요?"
"아쉽지만 너희들 바람처럼 다른 별까지 가려면 지금의 속도로도 4만 년쯤 걸린다고 해. 좀처럼 상상이 되질 않지?"
"잘못 계산한 것 아니에요? 우주에는 별들이 엄청 많은데 그렇게 오래 걸린다고요?"

"까만 밤하늘에서 빛나는 별들은 우리가 사는 지구나 목성, 토성과 같은 행성과는 성격이 다르단다. 밤하늘에 빛나는 별들은 '항성'이라고 부르지. 즉 태양계에서는 태양만이 항성이고, 그 외의 수성부터 명왕성까지는 항성인 태양 주위를 도는 '행성'이라고 할 수 있어. 그런데 태양계와 가장 가까운 곳에 위치한 스스로 빛을 내는 항성은 '프록시마'라는 별로 빛의 속도로도 자그마치 4.3광년이나 떨어져 있다고 해."

항성(붙박이별, 별)	행성
플라스마(전리된 기체)가 중력으로 뭉쳐 있는, 무겁고 밝은 구형 천체	충분한 질량을 가져 평형을 유지할 수 있는 구형에 가까운 형태를 가진다.
항성은 수소 및 헬륨, 기타 중원소로 이루어진 성간물질이 붕괴하면서 탄생	기체와 먼지가 모여 탄생
중심부에서 일어나는 핵융합 반응으로 풀려나는 에너지가 내부를 통과해 방출됨으로써 스스로 빛을 낸다. 태양처럼 밤하늘에서 빛나는 별이 바로 항성이다.	항성 주위를 돌고, 구형을 유지할 만한 크기와 중량을 가졌지만, 스스로 빛을 내지 못한다.

"우주를 생각하니까 머리가 너무 어지러워요. 우주는 왜 그렇게 크대요?"

"저는 아직 외국도 못 나가 봤는데, 지구 밖 우주는 어휴……."

아이들이 선생님의 설명에 고개를 절레절레 저었다. 그때 채호가 손을 들었다.

"선생님이 어제 인공위성은 몇 년밖에 수명이 안 된다고 말씀하셨잖아요. 그런데 보이저호는 37년이나 됐는데도 어떻게 계속 역할을 수행하고 있는 거예요?"

"그것은 보이저호가 지구 궤도를 돌고 있는 인공위성들과는 전혀 다른 연료를 사용하기 때문이란다."

지구 궤도를 돌고 있는 인공위성은 내부의 고체연료와 외부의 태양 전지판으로 움직이고 있다. 그러나 보이저호는 태양과 멀리 떨어진 장거리 우주 탐사를 위해 설계되었기 때문에 태양광 전지로는 필요한 태양 에너지를 얻을 수 없다. 이런 이유로 보이저호는 플루토늄을 원료로 한 발전기, 즉 원자로를 탑재하고 있다. 이 발전기는 애초의 설계 수명을 훌쩍 넘겨 2025~2030년까지 작동하며 계속 우주 여행을 할 수 있을 것으로 예측되고 있다.

현재는 구동 장비와 자외선 관찰 장비가 수명이 다해 작동이 중단된 상태이며, 2015년에는 디지털테이프기록기, 2016년에는 자이로가 작동이 중단되고, 2025~2030년경에는 모든 에너지를 소모하고 전력 부족으로 구동할 수 없게 된다. 즉 모든 동작이 멈추고 침묵 속에서 영원히 우주를 여행하게 되는 것이다.

"아쉽다. 그럼 그 뒤부터는 그냥 우주 쓰레기가 되는 거잖아요."

용재의 말에 선생님이 은근히 목소리를 낮췄다.

"보이저 1호와 2호에는 엄청난 비밀 하나가 있지. 보이저호의 마지막 임무라고 할까?"

"마지막 임무요? 그, 그게 무엇이에요?"

마지막 임무라는 비장한 말에 아이들의 궁금증이 폭발했다.

"바로 지구에 관한 다양한 정보를 담은 30cm 크기의 골든 디스크를 탑재하고 있다는 것이야."

아이들이 눈을 동그랗게 떴다.

"그런 걸 왜 실었어요?"

"혹시라도 고도의 기술을 지닌 외계인을 만나면 지구를 소개하기 위해서이지. 일종의 지구 안내 초대장이라고나 할까? 그러니까 보이저호의 마지막 임무는 '우주 사절단'이라고 할 수 있어."

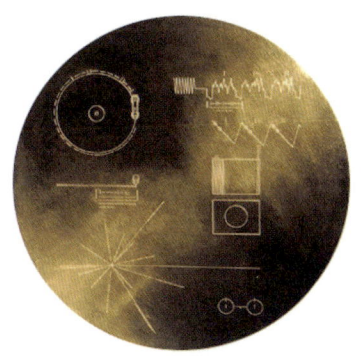

골든 디스크에는 우주에서 지구로 오는 길, 즉 지구의 좌표와 한국어 인사말인 '안녕하세요'를 비롯한 55개 언어의 인사말이 수록되어 있다. 또한 고래의 울음소리, 바람과 천둥, 새의 소리, 모차르트와 베토벤의 아름다운

음악과 같은 다양한 소리와 118장의 지구의 사진들이 실려 있다. 골든 디스크의 수명은 5억 년이다.

"맙소사! 그러다가 착한 외계인이 아니라 나쁜 외계인이랑 만나면 어떡해요? 그러면 나쁜 외계인들이 지구를 침략할 수도 있잖아요!"

용재의 말에 선생님이 비밀을 말하듯 목소리를 낮췄다.

"아닌 게 아니라…… 너희들 그것 아니? 2010년에 외국의 언론에서 보이저 2호가 외계인에 납치된 것 같다고 보도를 했단다."

선생님의 말에 아이들이 깜짝 놀랐다.

"무, 무슨 말씀이세요? 보이저 2호가 외계인한테 납치를 당하다니!"

"보이저 2호가 2010년 4월부터 갑자기 정체를 알 수 없는 이상한 데이터를 지구로 전송하기 시작했기 때문이야."

보이저 2호의 괴 신호 전송 현상은 2010년 4월 22일 처음 발견됐는데, 뜻밖의 데이터를 받은 미항공우주국과 과학자들은 자료를 해독하려고 수많은 노력을 기울였지만 결국 실패하고 말았다.

보이저 2호의 정체불명의 신호는 지금도 계속 전송되고 있다고 한다. 이에 일부 전문가들은 외계인들이 보이저 2호를 납치한 후 전송시스템을 자신들의 포맷으로 다시 프로그래밍한 뒤 데이터를 지구로 전송하는 것 같다는 분석을 내놓아 논란이 되고 있다.

"해독을 하지 못하고 있다고요?"

"분, 분명해, 외계인이다!"

흥분한 아이들의 목소리에 교실이 시끌벅적해졌다.

신기한 위성 이야기

창백하고 푸른 점, 지구

보이저 1호는 태양계를 벗어나기 전, 지구에서 60억km 거리에서 최후로 찍은 사진 한 장을 보내왔다. 바로 '창백하고 푸른 점'이라는 이름이 붙여진 유명한 사진이 그것이다. 태양계의 끝에서 바라본 지구는 사진의 제목처럼 '창백하고 푸른 하나의 점'에 불과하다. 그 점 속에 60억의 인구가 살아가고 있는 것이다.

이 사진은 보이저 계획에 참여한 유명한 천문학자 칼 세이건이 나사를 설득해 촬영된 사진으로, 칼 세이건은 왜 작은 점에 불과한 지구의 사진을 찍어 우리에게 보여 주고자 했을까?

우주의 크기와 그에 따른 시간을 생각하면 우리 인간의 삶은 '찰나'라는 단어로도 설명이 안 되는 짧은 시간에 불과하다. 즉 지금도 지구 곳곳에서 벌어지고 있는 전쟁과 같은 인간의 탐욕스러운 행동들에 대한 경종이 아니었을까?

"우주 공간에 외로이 떠 있는 한 점을 보라.
우리는 여기 있다. 여기가 우리의 고향이다.
사랑하는 남녀, 어머니와 아버지, 성자와 죄인 등 모든 인류가 여기에,
이 햇빛 속에 떠도는 티끌과 같은 작은 천체에 살았던 것이다.
바로 이 한 점, 지구 위에 아름다운 시와 음악과 사랑이 있는가 하면,
전쟁과 기근, 증오와 잔인한 행위가 그치지 않고 있다.
사람들은 이곳에서 영원히 살 것 같은 착각 속에 환경을 파괴하고
하늘을 찌를 듯한 콘크리트 건물로 아성을 쌓고
우중충한 시멘트벽에 갇혀 불안한 삶을 살아간다."

— 칼 세이건

외계인을 찾는 세티 프로젝트

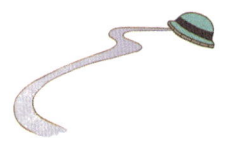

아이들이 외계인에 대해 갑론을박하고 있을 때, 선생님이 칠판에 다음과 같은 토론 주제를 적었다.

우주에 외계인은 존재할까?

누리가 손을 들고 자신의 의견을 발표했다.
"저는 당연히 외계인이 존재한다고 생각합니다."
누리에게 질세라 채호가 번쩍 손을 들었다.
"말도 안 되는 억지 주장입니다. 외계인은 존재하지 않습니다!"

용재가 채호의 말에 코웃음을 쳤다.

"저는 당연히 외계인이 존재해야 한다고 생각합니다. 왜냐하면 누리가 강력히 원하기 때문입니다!"

"우하하하~~!"

아이들이 용재의 말에 웃음을 터뜨렸다.

"장용재, 지금은 자신의 의견을 주장하는 시간이지 사랑을 고백하는 시간이 아니란다."

"선, 선생님!"

누리가 얼굴이 빨갛게 달아올라 비명을 질렀다. 선생님이 빙그레 웃으며 누리를 바라보았다.

"역시 외계인이 존재하는지에 대해서 다양한 의견이 있구나. 그러면 우선 누리부터 자신의 의견을 발표해 볼까?"

"『코스모스』란 책으로 유명한 천문학자 칼 세이건은 이 넓은 우주에 우리 지구인밖에 없다면 그것은 엄청난 공간의 낭비라고 말한 적이 있어요. 저는 그분의 말에 공감해요. 상상조차 할 수 없이 거대한 우주에서 지구밖에 생명체가 없다는 것은 말도 안 되는 것 아닐까요?"

누리의 의견에 많은 아이들이 수긍하는지 고개를 끄덕였다. 그러자 채호가 벌떡 일어났다.

"저는 누리의 의견에 반대합니다! 우주에는 외계인이 절대 존재하지 않습니다."

"이번에는 채호의 반론을 들어 볼까?"

"얼마 전 텔레비전 프로그램에서 지구에 생명체가 존재하는 것은 말 그대로 기적과도 같은 일이라고 했어요. 그리고 교회에서도 하나님이 우주를 창조했고, 하나님의 자식들은 지구인밖에 없다고 말하고 있거든요. 만약 누리 말대로 외계인이 있다면, 벌써 지구를 찾아오지 않았을까요?"

"맞아. 만약 외계인이 있다면 지구는 이미 외계인의 침공을 받았을 거야."

"아쉽다! 나는 외계인이랑 멋지게 싸워 보고 싶었는데."

남자아이들이 채호의 말에 맞장구를 치자 누리가 고개를 저었다.

"아빠랑 함께 〈콘택트〉라는 영화를 본 적이 있어요. 외계인을 찾는 세티 프로젝트에 소속된 천체물리학자인 여주인공이 우주에서 날아온 외계인의 전파를 해독했는데, 바로 우주선의 설계도였어요. 마지막에 여주인공이 우주선을 타고 우주를 순식간에 날아가 진짜 외계인을 만나는데 정말 감동적인 영화였죠. 저도 영화속 주인공처럼 커서 꼭 외계인을 만나고 싶어요."

"보이저 2호에서 나오는 이상한 전파도 혹시 외계인이 보내는 우주선 설계도가 아닐까?"

"그런데 세티 프로젝트가 뭐야?"

아이들이 처음 들어 보는 말에 호기심을 드러냈다.

세티 프로젝트 (SETI, Search for Extra-Terrestrial Intelligence)

외계의 지적 생명체를 찾기 위해 1960년대부터 시작돼 1984년 미국 캘리포니아 주에 세티 연구소가 설립되면서 본격화된 프로젝트다.

세티 프로젝트는 외계 생명체들이 전파를 보낸다는 가정하에 외계인들이 보내는 전파를 듣고, 망원경 등의 장비를 이용해 외계 생명체가 살 가능성이 있는 행성들을 찾는 두 가지 방식으로 운영되고 있다.

처음에는 미국 정부의 후원을 받았지만, 현재는 전 세계적으로 약 15만 명의 개인 및 과학자와 기업, 대학의 지원으로 수행되고 있다. 외계로부터 무작위로 전파를 수신해 유의미한 소리가 있는지 분석하려면 슈퍼컴퓨터 1~2대로는 한계가 있기 때문에 세티 연구소는 전 세계 15만 명의 개인 컴퓨터에 분석 프로그램을 설치하고 전파를 나눠서 분석하는 'SETI@Home'을 운영하고 있다.

"아빠랑 저는 직접 세티 프로젝트에 참여하고 있는 중이에요. 저희 집 컴퓨터로 외계의 신호를 탐색하는 중이죠. 언젠가는 꼭 외계인의 신호를 받을 거라고 저는 믿어요."

누리의 말에 아이들은 놀란 입을 다물지 못했다.

"나는 컴퓨터로 게임만 하는데, 역시 미래의 내 신붓감으로 딱

이야! 으흐흐~~."

용재가 흐뭇하게 웃음을 짓는데, 채호가 또 딴죽을 걸었다.

"흥, 외계인을 만나서 뭐 하려고? 공짜 우주 여행이라도 부탁하려고? 유에프오에 붙잡혀 갔다가 생체실험을 당했다는 사람들 말도 못 들어 봤나? 물론 나는 믿지 않지만 말이야."

누리가 고개를 절레절레 저었다.

"우리 아빠가 그랬어요. 과학이 발달하면 할수록 문명이 멸망할 위험은 더 커진다고요."

"그게 무슨 말이야? 과학이 발달할수록 인간의 삶은 더 행복해 진다고 했잖아!"

아이들이 이상하다는 듯 되묻자 선생님이 정리를 해 주셨다.

"거기에 대해서는 너희들 말도 맞고 누리 말도 맞아. 과학이 발달하면 예전보다 훨씬 생활이 편리해지지. 하지만 과학에는 또 다른 얼굴도 있단다. 예를 들어 너희들도 들어 봤을 거야. 지금도 전 세계에는 지구를 수십 번이나 파괴할 수 있는 핵무기가 엄청나게 많다는 것. 그리고 지구가 갈수록 오염되고 있다는 것 말이야."

선생님의 말씀에 누리가 자신의 의견을 덧붙였다.

"선생님 말씀처럼 하루가 다르게 과학이 발전하고 있지만, 텔레비전을 보면 지금도 세계 곳곳에서는 전쟁에 고통 받고 굶주림에 고통스러워 하는 사람들이 셀 수 없을 정도로 많아요. 그래서 저는 외계인을 만나면 꼭 묻고 싶어요. 지구에 평화를 가져올 방법을 말이죠. 영화에서도 여주인공이 외계인들을 만나면 꼭 물어보고 싶은 말이 바로 '어떻게 살아남아 문명을 지속할 수 있었는지'였어요."

"나이가 어린데도 벌써 지구의 평화를 걱정하는 사람이 우리 교실에 있다니. 선생님은 정말 멋진 제자를 두고 있구나!"

선생님의 칭찬에 누리가 부끄러운 듯 얼굴을 붉혔다.

신기한 우주 상식

우주 개발 역사의 최초 기록들

세계 최초의 인공위성 : '스푸트니크 1호'

1957년 10월 4일 구소련이 발사한 '스푸트니크 1호'는 원지점(遠地點 : 지구에서 가장 먼 지점) 942km, 근지점(近地點 : 지구에서 가장 가까운 지점) 230km인 지구 궤도를 96분마다 한 바퀴씩 돌며 인류가 우주로 쏘아 올린 최초의 인공위성에 등극했다.

우주 비행을 한 최초의 생명체 : 우주견 라이카

세계 최초로 지구 궤도를 비행한 생명체는 '라이카'라는 이름의 들개였다. 1957년 11월 3일 구소련은 살아 있는 생명체 라이카를 스푸트니크 2호에 탑승시켜 우주 비행을 성공시킴으로써 전 세계를 놀라게 했다.

라이카는 발사 5~7시간 후에 캡슐 내부의 고온과 스트레스로 인해 죽었지만 우주 비행 동안의 신체 변화 데이터를 지상으로 전송, 우주에서 동물이 살 수 있다는 것을 확인시켜 줬다. 이는 1961년 인류 최초의 우주인 '유리 가가린'의 탄생을 성공시키는 밑거름이 됐다.

세계 최초의 우주인 : 유리 가가린

1961년 4월 12일 오전 9시 7분, 목수의 아들이자 키 158cm의 27세 공군 중위 유리 가가린이 인류 최초의 우주 비행에 도전했다. 그를 태운 우주선 '보스토크 1호'는 지상 299.2km까지 날아오른 뒤 76분에 걸쳐 지구를 한 바퀴 돌고 10시 55분 무사히 귀환했다. 이륙부터 착륙까지의 시간인 108분을 당시 옛 소련은 '세계를 뒤흔든 108분'이라고 명명했다.

"지구는 푸른빛이었다."

가가린이 우주에서 지구를 처음 보고 한 말은 우주 개발 역사에 길이 남아 있다.

미국 최초의 우주인 : 앨런 셰퍼드

미국의 첫 유인 우주선인 '프리덤 7호'에 탑승해 우주로 날아오른 셰퍼드는 인류 최초의 우주인 타이틀을 놓친 것이 아쉬워 몰래 준비한 골프채를 꺼내 티샷을 함으로써 '우주에서 최초로 골프 티샷을 한 인물'로 기록되기도 했다.

최초로 우주 유영을 한 우주인 : 알렉세이 레이노프

세계 최초로 우주선 밖으로 나가서 우주 유영을 한 사람은 소련의 알렉세이 레이노프였다. '보스후드 2호'를 타고 1965년 3월 18일 약 12분 동안 우주선 주위 5m 안에서 우주 유영에 성공했다.

최초의 달 착륙 우주인 : 닐 암스트롱

1969년 7월 20일 발사된 '아폴로 11호'에서 내려 인류 최초로 달 표면에 발자국(moon walk)을 새기고, E. E. 올드린과 함께 약 2시간 30분 동안 달 탐사를 마치고 무사히 귀환했다.

"이것은 한 인간에 있어서는 작은 한 걸음이지만, 인류 전체에 있어서는 커다란 도약이다."

그가 달에 첫발을 내딛고 남긴 한마디는 역사에 길이 남을 명언으로 자리하고 있다.

대한민국 최초의 우주인 : 이소연

2008년 4월 8일 '소유스 TMA-12'를 타고 우주로 출발해 국제우주정거장(ISS)과의 도킹에 성공해 157번째 탑승자가 되었다. ISS에서 9박 10일간 머물면서 18가지 과학 실험 등의 임무를 수행하고, 4월 19일 지구에 무사 귀환했다.

이로써 한국은 36번째 우주인 배출 국가가 되었고, 이소연은 전 세계적으로는 475번째, 여성으로서는 49번째, 역대 3번째로 나이가 어린 여성 우주인이 되었다.

우주비행사가 되려면 무엇을 준비해야 할까?

"자자, 조용히 하고. 다시 보이저호 이야기로 돌아가서 35년이 넘게 인류의 원대한 꿈을 싣고 외롭고도 위험한 여정을 계속하고 있는 두 탐험자들이 정말 멋지지 않니?"

선생님의 말에 아이들이 한마디씩 하기 시작했다.

"정말 너무너무 근사해요!"

"근사하기는? 불쌍해요! 다시 지구로 돌아오지도 못하고, 앞에 무엇이 있을지도 모르는 길이잖아요."

"기계니까 다행이지. 만약에 사람이라도 타고 있었다면…… 으으으 상상하기도 싫다~~!"

아이들의 말에 선생님이 질문을 던졌다.

"너희들 말처럼 만약 보이저호에 사람이 타고 있었으면 어떻게 됐을까?"

"좁은 우주선에서 30년 넘게 어떻게 있어요? 저는 하루만 집에 있어도 발가락이 움찔거려 못 참겠는데."

용재의 말에 선생님이 고개를 끄덕였다.

"맞아. 사람이 우주선에서 30년 넘게 살 수는 없을 거야. 아마 얼마 못 가 폐쇄 공포증 같은 문제를 겪으며 큰일이 벌어지고 말겠지. 그래서 생명체, 더더군다나 인간을 우주선에 태워 기약도 없는 우주로 떠나보내는 것은 윤리적으로 무척 복잡한 문제란다."

그때 누리가 또박또박 자신의 의견을 발표했다.

"물론 지금의 과학으로 우주를 여행하는 것은 어려운 일이에요. 하지만 앞으로 과학은 꾸준히 발전할 테고, 언젠가는 우리도 멋지게 우주를 여행할 날이 오지 않을까요? 그래서 저는 천체물리학을 전공해 우주비행사가 되는 게 꿈이에요."

"우주비행사가 되려면 비행기를 모는 파일럿이 되어야 하는 거 아냐?"

"우주로 나가는 게 얼마나 힘든데 힘도 약한 여자애가 무슨 우주비행사야?"

남자아이들의 말에 누리가 불끈해서 소리쳤다.

"우리나라 최초의 우주인도 여자거든! 이소연 언니라고 너희는 들어 보지도 못했니?"

누리의 이야기에 몇몇 아이들이 눈을 동그랗게 떴다.

"우리나라에 외계인이 있다고?"

"외계인이 아니라 우주인! 외계인이랑 우주인은 전혀 다른 뜻이야."

"어떻게 다른데?"

"우주인은 지구에 사는 사람 중에서 우주로 날아오른 우주비행사를 말하고, 외계인은 지구가 아닌 우주에 존재하는 생명체란 뜻이지."

누리의 설명에 아이들은 이제야 알았다는 듯 고개를 끄덕였다.

우주비행사가 되려면 어떻게 준비해야 할까?

우주 개발 초기에는 공군의 조종사들이 우주비행사의 대부분이었다. 실제로 최초의 우주인인 유리 가가린, 달에 착륙한 닐 암스트롱 등도 모두 자국의 파일럿 출신이었다.

그러나 최근에는 임무에 따라 우주왕복선을 조종하고 모든 일을 책임지는 선장(Commander), 선장과 함께 우주선을 조종하는 파일럿(Pilot), 우주선의 복잡한 시스템을 운영하는 임무 전문가(Mission Specialist), 특수 장비를 이용한 과학 실험을 담당하는 전문가(Payload Specialist) 등으로 세

분화되고 있다.

따라서 우주비행사가 되고 싶다고 옛날처럼 비행기를 반드시 조종해야 하는 것은 아니다. 각자가 지닌 고유한 지식에 따라 미국이나 러시아가 보유한 우주인 훈련소에서 일정 기간의 훈련을 소화하면 된다. 실제로 대한민국 최초의 우주인인 이소연 박사도 우주 실험 전문가로 참여해 18가지의 우주 실험을 진행했다.

우주비행사가 되기 위해서는 다음과 같은 기본 조건이 요구된다.

❶ 질병이 없는 건강한 신체

신장(149~193cm), 체중(50~95kg), 시력(안경 없이 1.0 이상) 조건을 갖추고, 비행 훈련 및 무중력 상태에서의 다양한 훈련을 완수할 체력이 요구된다.

❷ 공학 및 과학 계통의 전문 지식

국제협약에 따라 우주비행사는 이공계열 대학 졸업 이상의 학력이 요구된다.

❸ 외국어 능력

우주비행사는 각국의 우주비행사와 지상 관제센터와의 원활한 의사소통을 위해 외국어, 특히 영어 구사 능력이 반드시 필요하다.

❹ **적응력 및 팀워크**
　밀폐된 우주선에서 생활하는 데 따른 환경 적응력과 동료와의 팀워크가 아주 중요하다.

"우와, 우주비행사가 되려면 몸도 튼튼하고 공부도 잘해야 하는구나. 용재 너는 몸이 너무 뚱뚱해서 무조건 탈락이겠다."
"흥, 눈에 돋보기를 쓴 놈이 할 소리는 아닌 것 같은데?"
"뭐야!"
용재와 채호가 툭탁대는 소리에 선생님이 고개를 저었다.
"너희들은 서로 걱정 안 해 줘도 돼. 선생님이 보기에 몸이 날씬해도 눈이 좋아도 둘은 모두 탈락이야."
"우우~~ 선생님이 학생을 무시하다니!"
"학생의 가능성을 무참히 짓밟는 것은 올바른 선생님의 자세가 아니라고 생각합니다!"
이번에는 둘이 사이좋게 힘을 합쳐 항변했지만, 선생님의 한마디에 입을 쏙 다물고 말았다.
"둘이 붙어 앉아 만날 싸우기만 하니 팀워크에서 땡, 하고 떨어질 게 당연하잖아. 안 그래?"
선생님의 말에 아이들이 웃음을 터뜨렸다.
"장래의 탈락자들은 조용히 좀 해 주시고, 나머지 친구들은 잘 들어 봐. 앞으로 우리나라도 우리나라만의 기술력으로 로켓을 쏘아 올리고, 나아가 우주선을 개발해 달 착륙에 도전하게 될 거라고 했지? 그때의 주인공은 바로 여러분들이야. 누리 이야기처럼 우리 중에서 주인공이 나오지 말란 법도 없잖니?"

"네, 선생님~~ 용재랑 채호 빼고 우리 모두 우주비행사가 될래요!"

아이들의 함성에 용재와 채호는 울상을 짓고 말았다.

우주 개발을 꼭 해야 하는 이유

 "그러면 마지막으로 우리 지구인들이 우주로 나아가야 하는 이유에 대해 각자의 의견을 말해 보는 것은 어떨까?"
 선생님의 질문에 아이들이 손을 들고 발표를 했다.
 "미래에는 우주에서 전쟁이 벌어진대요. 지금도 미국이랑 러시아는 강력한 레이저 광선을 쏘는 인공위성을 몰래 우주에 띄워 놓고 있대요. 그러니까 우리나라도 빨리 강력한 우주 무기를 개발해야 해요."
 "저번에 북한에서 쏜 로켓도 인공위성이 아니라 대륙…… 대륙 뭐라고 했지?"

"대륙간 탄도미사일!"

"맞아, 대륙간 탄도미사일을 쏜 거래요. 그러니까 우리도 빨리 로켓을 개발해야 우리나라를 보호할 수가 있는 거예요."

우주 개발 이야기를 하라고 그랬더니 공상과학 영화를 좋아하는 남자아이들은 우주 전쟁 이야기를 하느라 바빴다.

"그것 참, 어디 다른 이유를 말해 보고 싶은 사람 없니?"

용재가 번쩍 손을 들었다.

"지구에는 사람들이 너무 많아서 식량이 부족하잖아요. 그래서 달이랑 화성에 농장을 만들어 무공해 유기농 식품을 키워야 해요!"

"어휴, 쟤는 우주에서도 먹는 것만 찾네."

아이들이 또 먹는 타령이라고 용재를 놀려댔다. 하지만 선생님은 용재의 대답에 칭찬을 아끼지 않았다.

"용재의 관심사가 음식이니까, 먹을거리에 관심이 가는 게 당연하지 않겠니? 그리고 용재 말처럼 지금 전 세계는 극심한 식량 부족에 시달리고 있어. 인구는 기하급수적으로 늘고 있는데, 식량의 생산은 이를 따라가지 못하고 있거든. 게다가 환경 오염 탓에 태풍, 장마나 냉해, 가뭄 같은 극심한 기후 변화가 더 자주 일어나고, 그 때문에 식량 재배 자체가 갈수록 힘들어지는 상황이란다. 따라서 우주에서 식량을 재배할 수 있다면 정말 엄청난 일이 될 거야."

"으흐흐, 역시 저의 진정한 가치를 알아주는 사람은 선생님밖에 없다니까요."

용재가 어깨를 으쓱하자, 아이들이 우우우~~ 야유를 보냈다.

"비단 식량뿐만 아니라, 지구는 인간에 의해 아주 많이 혹사당한 상태야. 지금 우리가 쓰고 있는 석유와 석탄, 천연가스 같은 천연자원도 무한정 사용할 수 있는 것도 아니고. 따라서 용재 말처럼 먹을거리나 천연자원이 부족해서라도 우리는 우주로 반드시 나아가야 한단다."

선생님의 말에 채호가 손을 들었다.

"선생님, 지구가 멸망할지도 모른다는 이야기는 작년에도 텔레비전에서 계속 이야기했어요. 하지만 지구는 멸망하지 않았잖아요? 그러니까 지구가 멸망한다고 떠드는 사람들은 전부 사기꾼이지 않을까요?"

"마야 문명의 달력 이야기!"

"그래, 마야 문명에서는 2012년 12월까지밖에 달력을 안 만들었대. 지구가 그때 멸망하니까 달력을 만들 필요가 없다면서."

"쳇, 그거 다 거짓말이잖아. 그래서 지구가 멸망했냐? 우리가 지금 천국에서 수업하고 있는 중이야?"

"크크크, 그건 맞아."

아이들이 저희끼리 시끄럽게 이야기하는데, 선생님이 다시 목소리를 낮췄다.

"마야 문명의 달력이 2012년 12월까지밖에 없는 이유가 지구의 멸망을 예언했기 때문이 아니라는 사실은 이미 밝혀졌어. 하지만 너희들 마야 문명의 달력보다 더 무서운 달력, 시계가 있다는 것, 혹시 들어 봤니?"

"우리 선생님은 툭하면 겁만 주고 그러셔. 세상에 무서운 시계가 어디 있어요? 귀신의 집 시계도 아니고."

용재가 투덜거리자 선생님이 무서운 얼굴을 하고는 대답을 했다.

"선생님 이야기를 들어 보면 귀신의 집 시계보다 더 무서울걸?"

운명의 날 시계

미국 시카고대학은 과학자협회지 〈불리틴(The Buletin of the Atomic Scientists)〉에 핵전쟁의 위험을 경고하는 시계 그림을 싣고 있다. 핵전쟁으로 인류가 멸망하는 시점을 12시 자정으로 가정하고, 인류가 핵전쟁 위기

에 얼마나 가까워졌는지 분침을 조정해 상징적으로 보여 준다.

1947년 12시 7분 전에서 출발한 시계는 1953년 미국이 수소폭탄 실험을 했을 때 12시 2분 전으로 가장 가깝게 다가갔다. 1991년 핵무기 보유국 사이에 화해 분위기가 조성되면서 17분 전까지 늦춰지기도 했지만, 9·11 테러 때는 7분 전으로 재조정됐고, 최근 일본 후쿠시마 원전 사고와 전 세계의 끊이지 않는 전쟁과 테러 등으로 2013년 1월, 시계는 12시 4분 전으로 접근하고 있다.

환경 위기 시계

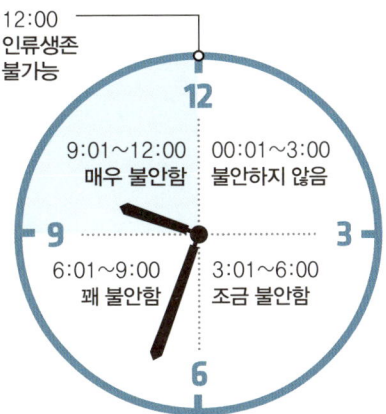

환경 위기 시계는 1992년 리우데자네이루에서 유엔환경개발회의가 열린 뒤, 일본의 환경단체인 아사히글라스 재단이 매년 전 세계 90여 개국 정부기관, 대학, 연구소, 환경단체 등에 소속된 1,000명의 환경전문가

를 대상으로 설문 조사해 그들이 느끼는 환경 위기감을 시간으로 표시하는 시계다. 환경 위기 시계의 12시는 인류의 생존이 불가능한 마지막 시간을 의미한다. 우리나라의 환경 위기 시계는 2005년부터 환경재단(Korea Green Foundation)이 발표하고 있다.

환경 위기 시계는 전 세계에서 매년 9월 동시에 발표되는데, 우리나라는 서울 명동의 롯데백화점 환경 시계탑 앞에서 발표된다. 2012년 우리나라의 환경 위기 시계는 9시 32분으로, 2011년의 9시 59분보다 많이 낮아졌지만 여전히 매우 불안한 수준이며, 특히 세계 평균 환경 위기 시각인 9시 23분보다 높은 수치다.

"아이 참, 선생님이 말한 시계는 진짜 시계가 아니잖아요!"
아이들의 말에 선생님이 고개를 저었다.
"하지만 선생님은 머리가 쭈뼛 서는데. 우리 인간의 잘못된 선택으로 핵 재앙이 벌어지고, 환경 오염 때문에 지구가 파괴되는 모습을 상상하면 정말 무섭지 않니?"
"나는 손목시계, 알람시계밖에 몰랐는데, 세상에 별의별 시계가 다 있구나!"
"우리 엄마는 명품시계밖에 모르는데."
"하하하~~!"
아이들이 배꼽을 잡고 웃었다.

"그렇다면 2013년인 올해 우리나라의 환경 위기 시계는 어떻게 될까?"

선생님의 질문에 누리가 손을 들었다.

"9월에 발표가 된다고 했으니까 아직 정해진 것은 아닐 거예요. 우리 모두가 환경을 오염시키지 않고, 또 열심히 오염된 환경을 되살리려고 노력하면 그만큼 시간이 늦춰지지 않을까요?"

"누리는 역시 선생님의 똑똑한 제자야!"

선생님이 흐뭇한 웃음을 짓자, 채호가 번쩍 손을 들었다.

"그런데 핵이 무조건 나쁜 것만은 아니잖아요. 예를 들어 원자력 발전소가 없으면 공장의 기계를 가동할 수도 없지 않나요?"

"맞아. 우리들 삶에서 '핵'은 부정할 수 없는 중요한 수단이란다. 지금 우리 교실을 밝게 비추는 전기도 원자력 발전소에서 생산한 전기일 수 있지. 하지만 환경 오염을 줄이고, 핵에 대한 의존도를 줄이는 등 지구를 조금이라도 더 깨끗하고 안전하게 가꿔 나가야 하는 의무가 우리에게 있지 않을까?"

"흠, 결국 살기 좋은 지구를 만드는 것은 우리 몫이구나. 어른들은 왜 만날 그래요? 지구를 이렇게 위험하게 만들어 놓고!"

용재가 주먹을 불끈 쥐자 선생님이 고개를 끄덕였다.

"그래, 우리 어른들의 잘못이 커. 너희들과 같은 앞으로의 세대에게 조금이라도 더 좋은 지구를 물려줘야 하는데 갈수록 지구를 어지럽히고만 있으니 말이야. 정말 미안하구나.”

"선생님은 용서해 줄게요. 선생님은 휴지도 함부로 안 버리고, 여름에도 전기를 아껴야 한다며 에어컨도 잘 안 켜서 저희들을 마구마구 괴롭히시잖아요. 지구를 위해서라면 그쯤은 제가 참아야죠. 안 그래?"

"맞아. 선생님은 우리가 용서해 줄게요."

"으이구~~!"

아이들의 합창에 선생님이 한숨을 폭 내쉬고 말았다.

"에효, 너희들의 너그러운 용서에 감사하며, 오늘의 이야기를 정리하자. 우리 인류가 지구를 넘어서 우주로 나아가야 하는 이유는 바로 언제까지나 지구 안에만 머물며 지구를 혹사시킬 수는 없기 때문이야. 알았지?"

"네, 선생님!"

4학년 3반 아이들의 힘찬 목소리가 교실을 넘어 우주까지 멀리 멀리 나아갔다.

우주에서의 초대

"오늘은 엄마도 늦을 것 같아. 혼자 밥 차려 먹기 싫으면 배달시켜서 꼭 먹고 학원 가. 알았지? 사랑해, 아들."

네, 라고 대답하기도 전에 전화가 뚝 끊겼다. 엄마의 목소리에는 '지금 이 순간, 세상에서 내가 제일 바빠!' 하는 기색이 가득했다. 채호는 스마트폰에 떠 있는 엄마를 물끄러미 내려다보았다. 머리부터 상반신까지 하얗기만 했다. 엄마가 알면 "뭐야? 엄마 사진 없어?" 하고 서운해 하겠지만, 아마 아주 오래 엄마는 모를 거다. 아빠는 말할 것도 없고.

'그래, 나는 벌써 4학년이거든. 나 혼자 무엇이든 할 수 있는!'

채호는 우울한 기분을 훌훌 털어 버리고는 주방에서 컵라면 하나를 꺼내 뚝딱 해치웠다. 어제의 현장학습 때문에 피곤이 몰려왔지만, 오늘은 영어 학원에서 테스트가 있는 날이라 빠질 수가 없었다.

'아직 시간이 조금 남았으니……'

시계를 확인한 채호는 가방에서 책을 한 권 꺼내 들었다. 그러고는 누가 보고 있지는 않은지 슬쩍 주위를 살피다가 한숨을 폭 내쉬었다.

'내 집에서 이게 뭐람!'

학교 끝나고 서점에 들러 구입한 책의 제목은 바로 『우주과학 대백과』였다. 수업 시간에 로켓이나 인공위성, 우주와 외계인에는 관심 없다고 말했는데, 누리에게 들켰다가는…… 생각만으로도 끔찍했다.

채호가 아무도 몰래 책을 구입한 것은 오늘 본 누리의 모습에 살짝 충격을 받았기 때문이었다. "제 꿈은 우주비행사가 되는 것입니다"라고 당당히 밝히던 누리를 보며 채호는 한 가지 생각에 깊이 빠져 있었다.

'나는 뭐가 되고 싶지? 판검사? 의사? 연예인?'

누군가 꿈이 무엇이냐고 물을 때마다, 의사가 되어서 아픈 환자들을 고쳐 주고 싶다고 말했지만, 고백하면 채호의 꿈은 의사가 아니었다. 아직까지는 되고 싶은 무엇이 없으니까 그냥 어른들이 좋아하는 직업을 이야기하는 것뿐이었다.

엄마와 아빠는 씩씩하고 밝게만 크면 소원이 없다고 그러는데, 그럴 때면 채호는 자신을 아직도 유치원생으로 착각하는 것만 같았다. 씩씩하고 밝게 크기 위해서는 매일매일 영어 학원을 다니고, 중학교 수학을 배우고, 이틀에 한 번씩 첼로 레슨과 한자 학원을 가야만 할까? 다음 달부터는 학원 한 곳을 더 다녀야 한다고 하는데, 생각만 해도 벌써 어깨가 무거워지는 기분이었다.

다시금 학원 갈 시간을 확인한 채호는 거실 소파에 엎드려 책을 읽기 시작했다.

'우와, 우주가 팽창하고 있다고? 정말 신기하다!'

채호는 정신없이 책 속으로 빠져들었다.

우주는 팽창하고 있다?

현대의 과학자들은 우주가 거대한 폭발로부터 생겼다고 주장하는데, 이것을 '빅뱅(Big bang)이론'이라고 한다. 이 거대한 우주가 하나의 작은 점의 폭발로부터 시작되었다는 것이 상상이 되는가? 그렇다면 빅뱅이론의 첫 시작은 무엇이었을까? 바로 우주가 팽창하고 있다는 것을 관측하면서부터였다.

사실 그전까지는 '정적우주론'이 과학계의 대세를 이루고 있었다. 그리고

이 정적우주론을 주장한 과학자가 바로 아인슈타인이다. 아인슈타인은 "우주는 팽창하지도, 수축하지도 않는다"라고 주장했다. 하지만 1929년 충격적인 발견이 이루어졌다. 미국의 천문학자인 허블이 '은하가 팽창하는 것을 관측'했던 것이다.

허블이 발견한 우주의 팽창은 과학자들에게 당연한 질문 하나를 던졌다. "우주가 팽창하고 있다면 우주의 팽창이 시작된 하나의 결정적인 순간이 있어야 하지 않을까?"라는 질문이 자연스럽게 나오게 된 것이다. 허블의 은하 팽창 발견에 고무된 과학자들은 다양한 연구를 통해 다음과 같은 추론을 했다.

❶ **조지 가모프**(1946년) : 빅뱅으로 탄생한 우주는 고온, 고밀도의 상태로 급격하게 팽창했다. 추론 결과 우주가 생기고 1초 후 100억도, 3분 후 10억도, 100만 년이 됐을 때 3,000도의 속도로 우주가 식었을 것이다. 초기의 우주는 온도가 너무 높아 무거운 원자들은 존재할 수 없었고, 이때 생긴 수소와 헬륨이 현재 우주 질량의 대부분을 차지하는 이유가 그 때문이다.

❷ **랠프 앨퍼와 로버트 허먼**(1948년) : 초기 우주의 흔적인 '우주배경복사'가 우주 어딘가 남아 있을 것이며, 그 온도는 아마도 영하 268도일 것이다. 우주배경복사란 빅뱅으로 인한 태초의 뜨거운 우주 속에 존재하던

빛이 차갑게 식어 있는 것을 말한다. 이것은 마치 욕실에서 수증기를 발견하고, 얼마 전까지 욕실에 뜨거운 물이 있었다는 것을 추론할 수 있는 것과 같다.

이와 반대로 영국 케임브리지대학의 천문학과 교수들은 '정상우주론'을 발표했다. 그들은 하나의 점의 폭발로 우주가 시작되었다는 납득하기 어려운 빅뱅이론을 대신해, 우주는 시공간적으로 균일하며 언제나 같은 모습으로 모든 방향으로 똑같이 늘어나고 있다고 주장했다.

그리고 빅뱅이론과 정상우주론의 대립은 결국 빅뱅이론의 승리로 끝나고 말았다. 바로 빅뱅이론을 뒷받침하는 '우주배경복사'가 실제로 발견된 것이다.

얼마나 책에 빠져 읽었을까? 위이잉~~ 스마트폰이 요란하게 울리는데, 모르는 전화번호가 찍혀 있었다. 통화 버튼을 누르자 여자아이의 들뜬 목소리가 들려왔다.

"신채호?"

"네, 그런데 누구……?"

"나야, 누리."

채호는 벌떡 일어나 저도 모르게 읽고 있던 책을 가방에 황급히 쑤셔 넣었다.

"강, 강누리?"

"맞아, 나야."

채호는 허둥지둥 주위를 살폈다.

'우리 집이 맞는데, 강누리가 내가 『우주과학 대백과』를 읽고 있는 걸 알 리는 없는데…….'

갑작스러운 누리의 전화에 채호는 별별 생각이 다 들었다.

"내, 내 전화번호 어, 어떻게 알았어?"

"용재한테 물어봤어. 그게 중요한 게 아니고 너 지금 어디니?"

'용재 이 녀석…… 나한테 허락도 안 받고 전화번호를 알려 주다니! 그런데 강누리는 용재 전화번호를 어떻게 알았지? 정말 둘이 사귀는 것 아냐?'

채호는 갑자기 엉뚱한 의심이 들며 기분이 더 나빠졌다. 목소리가 쌀쌀맞게 변한 것도 그 때문이었다.

"집인데."

"빨리 학교 정문 앞으로 나와."

"무슨 일인지 모르지만, 나 지금 영어 학원 갈 시간이야. 할 말 있으면 내일 학교에서 해."

"영어 학원? 그딴 거보다 백배 천배 더 중요한 일이야. 앞으로 20분 줄게. 그때까지 안 나오면 나 혼자 갈 거야."

뚝. 띠띠띠띠~~ 누리가 대답도 듣지 않고 전화를 끊어 버렸다.

스마트폰에 또 하얀 여자가 떠올랐다. 아무튼 하얀 여자들은 자기 할 말만 하고 전화를 끊어 버린다. 그런데 갑자기 누리의 마지막 말이 떠올랐다.

'깜깜한 밤에 혼자 어딜 가겠다는 거지? 아무려나, 열심히 기다려 봐라. 내가 나가나…… 학원 늦었다!'

채호는 가방을 메고는 허겁지겁 밖으로 달려 나갔다.

그러나 아파트 단지를 빠져나온 채호는 갈림길에서 주춤거렸다. 오른쪽 길로 달리면 학교였고, 왼쪽 길로 가면 학원이었다. 당연히 학원을 향해 로켓처럼 달려야 했다. 1분이라도 늦었다가는 학원 선생님이 지각을 체크할 테고, 엄마 스마트폰으로 고스란히 통보가 갈 거였다.

하지만 이상하게 발걸음이 떨어지지 않았다. 누리의 다급한 목소리가 채호를 자꾸만 오른쪽으로 끌어당기는 기분이었다.

'엄마는 툭하면 서너 시간씩 늦어도 되고, 나는 몇 분만 늦어도 스마트폰에 불이 나게 전화하는 게 공평한 거야? 그래, 잠깐 얼굴만 보고 오자. 그리고 학원으로 가야지.'

채호는 결심을 하고는 오른쪽 길을 향해 뛰기 시작했다.

"어, 장용재?"

"신채호? 네가 여기는 어쩐 일이야?"

학교 정문 앞에 도착한 채호는 반대편 길에서 헐레벌떡 뛰어오던 용재와 마주쳤다.

"원수는 외나무다리에서 만난다더니!"

"바보, 여기가 외나무다리냐?"

채호와 용재가 만나자마자 또 으르렁대는데, 깜깜한 어둠에 휩

싸인 학교 운동장에서 누리가 걸어 나왔다.

"바쁜 사람을 불러내고 대체 무슨 일이야?"

채호가 짜증나는 듯 쌀쌀맞게 물었다. 누리가 용재까지 불러냈다는 것 때문에 이상하게 기분이 좋지 않았다.

"놀라지 마. 방금 내 컴퓨터의 세티 프로젝트에 초청장이 왔어. 바로 외계로부터!"

누리의 말에 깜짝 놀란 것도 잠시, 채호가 왈칵 짜증을 내며 몸을 돌렸다.

"나 너랑 장난칠 생각 없거든! 잘 있어라. 나 학원 늦었어."

용재가 희희낙락해 "안녕!" 하고 손을 흔들었다. 하지만 채호는 누리의 말에 걸음을 멈출 수밖에 없었다.

"너 외계인은 절대 존재할 수 없다고 했지? 네 말이 맞는지 내 말이 맞는지 확인하고 싶지 않아?"

자신만만한 누리의 얼굴을 똑바로 쳐다보던 채호가 고개를 끄덕였다.

"그래. 결판을 내자!"

긴장된 시간이 얼마쯤 흘렀을까. 잔잔하던 밤하늘이 꿈틀꿈틀 하더니 작은 소용돌이가 일기 시작했다. 그리고 점차 대기의 회전이 빨라지면서 바람이 세차게 휘몰아쳤다.

"저, 저게 뭐지?"

"꼭 블랙홀 같아. 혹시 저곳으로 빨려 들어가는 것은 아니겠지?"

"도, 도망가자. 정말 외계인이 우리를 잡으러 왔으면 어떡해!"

용재가 겁에 질려 뒷걸음질을 칠 때였다. 엄청난 속도로 돌고 있던 소용돌이의 한가운데가 쩍 벌어지더니 강렬한 빛줄기가 그대로 내리꽂혔다.

"으윽, 눈부셔!"

너무나도 강렬한 빛에 친구들은 모두 두 눈을 꼭 감을 수밖에 없었다. 그리고 잠시 뒤 눈을 떴을 때는 입이 떡 벌어지고 말았다.

"하이, 반가워."

눈앞에 나타난 무언가가 반갑게 손을 흔들고 있었다. 용재가 입을 푸들푸들 떨며 앞을 가리켰다.

"혀, 현빈이다!"

"저 옷은 이태리 장인이 한 땀 한 땀 수작업으로 만들었다는 운동복?"

하늘에서 빛과 함께 뚝 떨어져 내린 생명체는 외계인이 아니라 텔레비전에서 본 현빈과 꼭 닮아 있었다.

"내가 그럴 줄 알았다니까! 사람이 그렇게 잘생길 수 있다는 게 말이 돼? 저는 현빈 아저씨가 외계인이라는 걸 벌써부터 짐작하고

있었어요. 원빈, 정우성, 김수현 전부 다 외계인 맞죠? 제발 진실을 밝혀 주세요~~."

용재가 호들갑을 떠는데, 얼굴이 빨갛게 달아오른 누리가 떠듬떠듬 물었다.

"정, 정말 현빈 아저씨……?"

누리를 향해 현빈(?)이 멋지게 웃으며 고개를 끄덕였다.

"그래, 나 현빈 맞아. 전 우주에서 가장 핸섬한 현빈! 정말 보고 싶었단다, 누리야. 그런데 이 뚱뚱한 친구와 눈에 초고도 망원경을 단 친구는 누구지? 아, 너희들을 보니 갑자기 나도 배가 고프고 세상이 빙글빙글 도는 것 같구나! 쯧쯧, 불쌍한 것들."

혀를 차는 현빈(?)을 보고 정신을 차린 채호가 고함을 쳤다.

"현빈 아저씨일 리가 없잖아! 너, 누구야? 지금 당장 가면을 벗고 정체를 밝혀라!"

"원래 내 모습? 어떤 얼굴을 원하는 거지?"

현빈을 닮은 외계인이 갑자기 패션쇼를 하듯 모습을 바꾸기 시작했다. 머리가 셋 달린 괴물부터 팔이 여덟 개 달린 괴물, 거대한 상어 주둥이보다 날카로운 이빨을 가진 괴물까지 모습이 바뀔 때마다 누리와 채호, 용재는 무서워 몸을 부들부들 떨었다.

"그것 봐. 이 모습이 너희 행성에서는 인기 최고니까 이렇게 만나는 게 훨씬 분위기가 부드럽고 좋잖아. 안 그래?"

"그런데 왜 하필 현빈 아저씨로 변장한 거야?"

용재의 말에 현빈표 외계인이 누리를 쳐다보았다.

"왜긴 왜야? 쟤가 만날 현빈, 현빈, 하고 노래를 부르니까 그렇지. 뭐라고 그랬더라? 자기가 클 때까지 다른 여자랑 결혼하면 가만 안 두겠다고……."

"너, 입 안 다물어!"

누리가 빽 고함을 질렀다.

'흥, 현빈 같은 늙은 아저씨가 뭐가 좋다고!'

채호가 씩씩 화를 내고 있는 누리를 보며 콧방귀를 뀌고 있는데, 골똘히 생각에 잠겼던 용재가 슬그머니 현빈표 외계인에게 다가갔다.

"저기…… 그럼 너 미스에이 수지 누나로도 변신이 가능한 거야? 으흐흐~~."

"오브 콜스! 그럼 우주에서 가장 뛰어난 초울트라 슈퍼컴퓨터로 미스에이 수지를 검색해 볼까?"

현빈표 외계인의 말에 용재뿐만 아니라 채호도 어느새 황홀한 표정을 지은 채 눈앞에 나타날 수지 누나를 기다렸다.

"신채호, 장용재!"

누리의 괴성에 현빈표 외계인이 화들짝 놀라 용재 뒤로 숨어 버렸다.

한바탕 소동이 지나고 채호와 누리, 용재는 외계인의 모습을 현빈으로 합의했다. 다수결의 원칙에 입각해 수지 누나로 바꿔야 한다고 강력히 맞섰지만, "너희들 누구 덕에 외계인을 만날 수 있었지?"라는 누리의 강력한 협박에 입을 다물 수밖에 없었다.

3
신나는 우주 여행

지구를 닮은 케플러 22-b 행성

"너희 행성은 우주 어디에 있어?"

"아직 내 소개를 안 했구나. 내가 온 곳은 케플러 22-b 행성이야. 그리고 내 이름은 우당탕탕이라고 해."

"케플러?"

"이름이 우당탕탕이래. 아이고 배꼽이야!"

용재와 채호가 배꼽을 잡고 키득대자 우당탕탕이 얼굴을 찡그리며 말했다.

"우리 종족만 쓰는 행성 이름은 따로 있지만, 그냥 너희 지구인들이 발견해 붙인 이름을 대신 사용하는 것뿐이야. 그리고 우당탕탕은 너희들의 언어와는 전혀 다른 뜻이라는 것을 꼭, 반드시 알아줬으면 고맙겠어."

채호가 슬쩍 우당탕탕을 째려봤다.

'한국어의 우당탕탕과는 전혀 다른 뜻이라고? 그런데 이상하게도 꼭 비슷한 뜻이라는 생각이 드는 건 뭐지?'

"너 외계인이라고 하면서 우리나라 말 정말 잘한다! 어느 학원에서 배웠어?"

용재의 황당한 질문에 채호가 한숨을 폭 내쉬고 말았다.

"세상에 외계인이 학원에서 지구 말을 배웠을 리가 없잖아!"

하지만 우당탕탕의 말은 의외였다.

"나는 청덤 빌리지 학원에서 배웠지. 최신식 교육으로 요즘 한창 뜨는 곳이거든."

"어휴, 너희 행성에도 교육 열풍이 대단하구나. 아무튼 부모님들 자식 걱정은 어딜 가나 똑같다니까."

용재와 우당탕탕의 대화에 채호는 골이 지끈거렸다. 그때 우당탕의 말을 곰곰이 생각하던 누리가 눈을 빛내며 물었다.

"케플러 22-b 행성이라면 혹시 케플러 망원경이 관측한 스물두 번째 은하계에 있는 행성을 말하는 것 아냐?"

"빙고!"

우당탕탕이 자신이 온 케플러 22-b 행성에 대해 설명을 했다.

케플러 우주망원경과 케플러 22-b 행성

2009년 3월 미항공우주국(NASA)은 지구처럼 생명체가 살 수 있는 환경을 지닌 외계의 행성을 탐색하기 위해 길이 4.7m, 지름 2.7m, 95메가픽셀의 디지털 카메라를 장착한 거대 망원경을 우주로 쏘아 올렸다.

우주과학자들의 최대 과제 중에 하나는 지구와 닮은 행성, '슈퍼지구'를 찾는 것이다. 갈수록 황폐해지고 있는 지구를 대신해 인간이 살 수 있는, 지구와 유사한 조건을 갖춘 행성이 있는지 찾는 것이다. 또한 그러한 행성이 있다면, 그곳에 우리와 닮은 생명체가 살고 있는 것은 아닌지 확인하고자 하는 목적도 있다.

케플러 망원경은 한 번에 약 500개의 많은 별을 관찰할 수 있다. 또한 약

18만 개의 별을 지속적으로 관찰하기 때문에 미세한 빛의 변화를 포착해 외계 행성의 존재를 쉽게 찾아낼 수 있다.

케플러 망원경이 외계 행성을 잘 찾아낼 수 있는 이유는 우주에서 측정을 하기 때문에 대기의 영향을 받지 않고, 많은 별을 집중적으로 오랫동안 관찰할 수 있기 때문이다. 우주에서는 망원경의 관측 효과가 지구에서보다 5배 이상 높아진다.

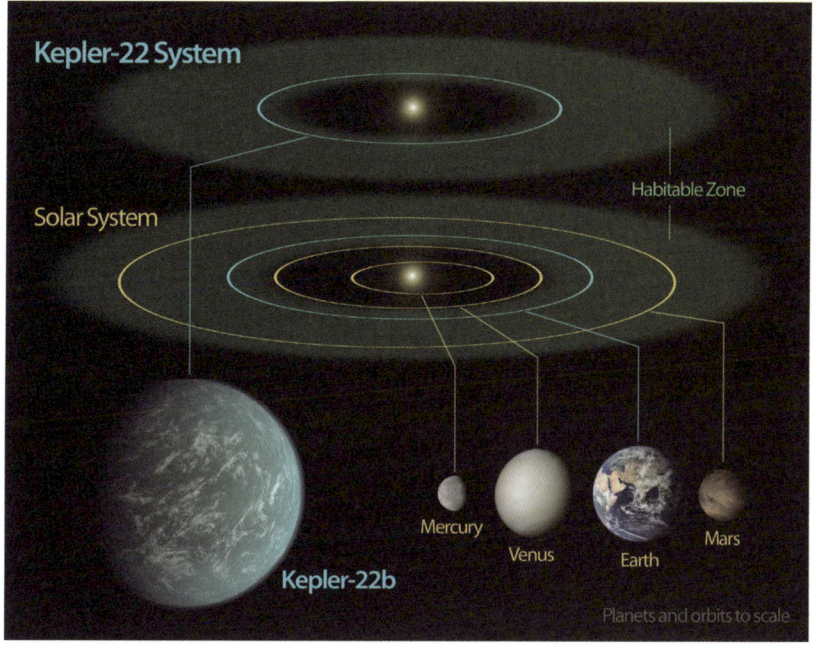

실제로 케플러 망원경은 발사된 지 불과 3일 만에 엄청난 발견을 했는데, 바로 케플러 22계(케플러 망원경이 찾아낸 스물두 번째 외계)에서 지구와 매우

유사한 행성을 찾아낸 것이다. 지구에서 600광년 떨어진 케플러 22-b로, 지구보다 2.4배 크고, 중심별 주위를 일정한 궤도로 돌고 있으며, 한 바퀴 도는 데 290일이 걸린다.

케플러 망원경의 관측에 따르면 케플러 22-b 행성에는 지구처럼 거대한 바다가 있고, 육지에는 토양과 바위도 많다고 한다. 가장 중요한 점은 이 행성이 '골디락스 영역(124쪽에서 설명)'에 자리하고 있다는 점이다. 따라서 행성의 온도가 섭씨 22도 정도로 생명체가 살기에 적당한 수준이다.

현재 케플러 망원경은 450만 개 이상의 새로운 별을 찾아냈고 이중 슈퍼 지구 후보는 무려 2,326개나 된다.

"600광년? 그러면 빛의 속도로 600년을 날아가야 도착할 수 있다는 뜻이잖아!"

용재는 우당탕탕이 사는 별까지 가려면 빛의 속도로 600년이 걸린다는 설명에 입을 떡 벌렸다.

"흠, 너희 지구인들에게는 1광년도 어마어마한 거리니까 상상하기가 어려울 거야. 하지만 우리 케플러 행성의 주민에게 그 정도는 아주 쪼~~금 떨어진 마을로 나들이를 하는 정도랄까?"

"잘난 척하기는! 너도 너희 학교에서 은따지?"

"은따? 그게 뭐야?"

"뭐긴 뭐야, 눈에 망원경을 쓴 저 녀석이랑 똑같은 거지."

용재가 채호를 가리키자, 채호가 눈을 부릅떴다.

"뭐라고? 이 뚱땡이가!"

"뚱땡이? 이 자식이!"

옥신각신하는 둘의 모습에 누리가 한심하다는 듯 고개를 저었지만, 우당탕탕은 속으로 깜짝 놀라고 말았다.

'저 녀석, 눈치가 100단인데! 잘못하다가는 내 정체를 들키고 말겠네. 빨리빨리 이곳을 벗어나자고!'

우당탕탕이 서둘러 누리에게 말했다.

"시간 없으니까 빨리 떠나자. 누리 네 소원대로 우주로 신나는 여행을 가자구!"

"야호, 출발이다!"

용재가 언제 으르렁댔냐는 듯 신이 나 방방 뛰었다. 그런데 아무리 주위를 둘러봐도 우주선 비슷한 게 눈에 띄지 않았다.

"우주선은 어디다 두고 왔어? 주차장에 세워 놨나? 주차비 많이 나오겠다."

채호가 시큰둥하게 말하자 우당탕탕이 '왜 저러냐?'는 눈빛으로 누리를 쳐다보았다.

"네가 이해해. 쟤 성격 은근 밥맛이야."

누리의 귓속말에 우당탕탕이 어깨를 으쓱하고는 채호에게 설명을 했다.

"싸구려 우주선들은 착륙하고 이륙하느라 부산을 떨지만, 내 우주선은 그럴 필요가 없지. 내 손을 잡아. 텔레포트를 할 테니까."

"텔레포트! 순간 이동을 말하는 거 맞지?"

"그래, 자세한 설명은 우주선에서 할 테니까 그만 지구를 떠나자고."

세 친구가 우당탕탕의 손을 잡은 순간이었다.

"이제 가 볼까? 텔레포트 시작!"

우당탕탕의 외침에 주위가 환하게 빛나기 시작했고, 눈을 뜨지 못할 만큼 강렬한 빛줄기가 다시 하늘 위에서 내려오더니 어느 순간, 거짓말처럼 빛이 꺼졌다. 그리고 운동장에는 아무것도 존재하지 않았다.

신기한 우주 이야기

골디락스 영역이란 무엇인가요?

골디락스 영역은 영국의 전래동화 『골디락스와 세 마리 곰』에서 나온 말이다. 동화 속 주인공 소녀인 골디락스는 엄마의 신신당부를 잊고 숲에 들어갔다가 길을 잃고 만다. 그런데 숲에서 세 마리 곰이 사는 오두막을 발견하게 되고, 식탁 위에 놓여 있는 세 그릇의 수프를 발견하게 된다.

첫 번째 수프는 방금 끓인 듯 너무 뜨거웠고, 두 번째 수프는 식어서 너무 차가웠고, 마지막 세 번째 수프는 너무 뜨겁지도 차갑지도 않아 골디락스는 맛있게 수프를 먹을 수 있었다.

그리고 침실을 열어 보니 이번에는 세 개의 침대가 있었는데, 마찬가지로 너무 딱딱한 침대, 너무 푹신푹신한 침대, 딱딱하지도 푹신하지도 않은 적당한 침대가 있었다. 골디락스는 세 번째 침대에 누워 달콤한 잠을 잘 수 있었다.

이처럼 먹고 자기에 딱 알맞다는 뜻의 '골디락스 영역'에 있는 행성은 지구처럼 중심별(태양과 같은 항성)과 적당한 거리에 자리해 너무 뜨겁지도 차갑지도 않다. 따라서 생명체가 존재할 가능성이 그만큼 높은 영역이라고 할 수 있다.

대기권과 오존층

"최신식 우주선이라며? 완전 고물이잖아!"

텔레포트를 통해 순간 이동을 한 친구들은 화들짝 놀라고 말았다. 우주선 내부가 꼭 골동품 상점 같았기 때문이다. 공상과학 영화 속 우주선과 달리 눈에 보이는 모든 기계가 왕창 낡아 있었다. 우물쭈물하던 우당탕탕이 고백을 했다.

"사실은 아빠가 아직 내 나이가 어리다고 최신형 우주선은 사 줄 수가 없대. 그래서 중고시장에서 가장 싼 우주선을 살 수밖에 없었어. 우리 집은 너무 가난하거든. 가난해서 어머님은 짜장면이 싫다고…… 으흑."

우당탕탕의 슬픈 이야기에 용재가 어깨를 토닥여 줬다.

"괜찮아. 가난은 네 죄가 아니야."

"그렇지?"

"그럼, 우리 아빠도 하루에 치킨 한 마리밖에 못 사 줘. 으흑."

용재와 우당탕탕이 끌어안고 서로 위로하는 모습에, 채호와 누리가 한심하다는 듯 고개를 젓고는 우주선 창밖을 내다보았다. 그런데 이상한 일이었다. 우주로 나왔으니 별무리들이 환하게 빛나고 있어야 할 텐데, 주위가 온통 뿌옇기만 했다.

"여기가 우주야? 아무것도 안 보이는 게 책에서 설명하던 거랑은 전혀 다른데……."

채호가 실망한 듯 묻자 우당탕탕이 고개를 저었다.

"지금은 우주선이 구름 속에 숨어 있으니까 아무것도 안 보이는 게 당연하지. 이제 대기권을 뚫고 지구 밖으로 출발하자고. 그러면 너희들이 바라는 아름다운 우주를 보게 될 테니까."

"멋지다. 우리 지구인들은 대기권을 뚫고 우주로 나아가려면 엄청나게 힘든데."

누리의 감탄에 우당탕탕이 멋진 생각이 떠오른 듯 짓궂게 웃으며 물었다.

"너희도 대기권을 벗어나는 게 어떤 느낌인지 경험해 볼래?"

"그게 가능해?"

누리가 눈을 동그랗게 뜨자 우당탕탕이 별것 아니라는 듯 어깨를 으쓱했다.

"운행 모드를 1만 년 전의 기술 수준으로 바꾸면 간단하지."

대기권을 통과할 때 우주비행사가 받는 압력은 얼마나 될까? 보통 지상에서의 중력을 1G(기압)라고 표현하는데, 대기권을 벗어날 때는 7~10G의 압력을 받는다. 즉 지상에서보다 7~10배나 높은 중력을 견뎌야 한다는 뜻이다. 우주비행사 선발 조건 중에 체력 조건이 포함되는 이유가 이 때문이다.

대기권을 통과하며 극심한 압력을 받을 때 우리 몸에는 다양한 현상이 나타난다. 대표적으로 눈에 피가 몰려 눈이 빨갛게 되는 현상(red eye effect), 목소리가 오리처럼 꽥꽥거리는 현상(donald duck effect) 등이 일어나며, 심할 시에는 의식을 잃게 된다.

"미쳤어! 힘든 걸 왜 일부러 경험하려고 해? 그냥 편하게 슝, 하고 가자고, 제발~!"

설명을 들은 용재가 말도 안 된다고 도리질을 쳤지만, 누리의 생각은 달랐다.

"아니, 꼭 경험해 보고 싶어. 나는 앞으로 커서 우주비행사가 되어야 해. 그러니까 미리 경험하는 게 좋아."

"대기권을 뚫기에 우리는 너무 어린 게 아닐까? 어른들도 건강한 육체와 충분히 훈련된 우주비행사들만 통과할 수 있잖아?"

채호가 현실적인 문제를 제기하자, 용재가 얼른 맞장구를 쳤다.

"맞아, 우리가 대기권을 통과하다가는 납작한 오징어가 되고 말 거야!"

하지만 우당탕탕의 말에 둘은 어쩔 수 없이 승낙을 할 수밖에 없었다.

"너희들은 아직 어리니까 실제로 대기권을 벗어날 때 받게 되는 중력의 3분의 1로 줄여 주지. 그쯤이면 충분할 거야."

우당탕탕이 출발 버튼을 누르자 우주선이 금세라도 폭발할 듯 요동치기 시작했다.

"뭐, 뭐야? 우주선이 왜 이래! 이 우주선 중고가 아니라 폐차장에서 가져온 것 아냐?"

용재가 손잡이를 꼭 부여잡고 소리쳤다.

"쳇, 이 정도는 아무것도 아니니까 걱정 붙들어 매라고. 이래봬도 무사고 100년을 자랑하는 우주선이니까. 자, 출발이다!"

우주선이 우주를 향해 출발을 했다. 그리고 엄청난 속도와 온몸을 짓누르는 압력에 용재와 누리, 채호의 입에서 동시에 비명이 터져 나오기 시작했다.

"엄마, 살려줘~~~!"

"으으으, 정말 온몸이 납작하게 쪼그라드는 느낌이었어."

대기권을 통과한 뒤 용재가 죽는시늉을 하자 채호가 숨을 헐떡이며 대꾸했다.

"용재 너 정말 웃기더라. 살려달라고 소리치는데 꼭 오리가 꽥꽥거리는 것 같았어."

"내가 언제 오리 소리를 냈다고…… 아무튼 대기권만 없다면 훨씬 편하게 우주로 날아오를 수 있을 텐데 말이야."

용재의 말에 채호가 코웃음을 쳤다.

"바보, 지구에 대기권이 없으면 우리가 살아갈 수 없다는 소리도 못 들어 봤냐?"

"대기권이 없으면 우리가 못 산다고?"

대기권이란 지구의 표면을 둘러싸고 지구 생명체를 보호하는 공기의 층(지표면~약 1,100km)을 말한다. 대기권은 높이에 따른 온도 변화에 따라 대류권(~10km), 성층권(10~50km), 중간권(50~80km), 열권(80~500km)으로 나눌 수 있으며, 각 층의 경계면을 대류권 계면, 성층권 계면, 중간권 계면이라고 부른다.

대기권은 질소, 산소 등의 다양한 기체로 이루어져 있는데 고도 100km 내에는 성분비가 거의 일정하며, 전체 대기 원소 질량의 약 99.999%가 존재한다. 특히 16km 이내에 90%가 분포한다.

대류권(지표면~10km) : 고도가 100m 올라갈수록 온도가 약 0.5도씩 하강해 10km 고도에서는 영하 50도가 된다. 대기권을 구성하는 전체 기체의 약 75%가 대류권에 존재하며, 이 때문에 대기가 불안정해져 대류 현상으로 인한 다양한 기상 현상(구름, 비, 태풍 등)이 일어난다.

성층권(10~50km) : 약 20~30km 걸쳐 오존층이 존재해 자외선을 흡수하여 지구의 생물을 보호한다. 성층권의 아랫부분은 기온이 일정하지만, 윗부분은 자외선을 흡수해 위로 갈수록 기온이 높아진다. 대류 현상이 없기 때문에 기상 현상이 없으므로 비행기의 항로로 이용되고 있다.

중간권(50~80km) : 위로 올라갈수록 기온이 하강하며 80km 높이에서 대기권 중에 가장 낮은 영하 90도 된다. 대류 현상이 일어나지만 수증기와 공기가 희박하기 때문에 기상 현상은 일어나지 않는다.

열권(80~500km) : 위로 올라갈수록 기온이 상승한다. 공기가 매우 희박해 밤낮의 기온 차가 매우 크다. 극지방에서는 오로라(극광) 현상을 볼 수 있다.

"지구는 우주에서도 최고의 별 중에 하나야. 이렇게 아름답고 멋진 별은 우주를 통틀어도 몇 개 없을 정도지. 그런데 너희 지구

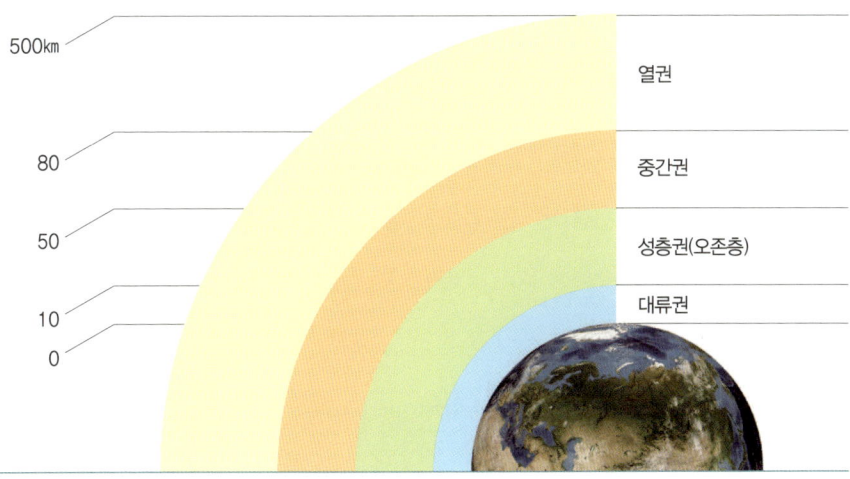

인들은 소중한 지구를 너무 함부로 다루는 것 같아. 특히 대기권이 오염되면 아주 큰일인데 말이야."

우당탕탕의 말에 용재가 고개를 갸우뚱했다.

"그게 무슨 뜻이야?"

"인간의 무분별한 개발로 지구가 오염되고 있다는 것은 용재 너도 잘 알고 있지? 그런데 이런 오염은 지상뿐만 아니라 대기권에도 영향을 미치고 있어. 대표적으로 오존층이 심각한 문제지."

"아, 성층권에 존재한다는 그 오존층!"

"그래, 오존층은 지구에 살고 있는 생명체들이 살아갈 수 있게 도와주는 엄청나게 중요한 곳이야. 태양으로부터 오는 햇빛의 자외선을 오존층이 흡수해 주기 때문이지."

태양은 지구의 생명체가 살아가는 데 없어서는 안 될 존재이지만, 지구까지 도달한 햇빛에는 강력한 자외선이 포함되어 있다. 그런데 만약 이 자외선이 그대로 지표면에 도달하면 인간을 포함한 모든 동식물들이 살아갈 수 없게 된다. 자외선은 피부암을 유발하고 면역 체계에 영향을 줘 백내장 등 수많은 질병을 일으킨다. 또한 육상생물의 돌연변이를 유발하고 해양 생태계 파괴, 농산물 수확 감소로 이어져 지구에서 생명체가 삶을 영위할 수 없게 한다. 이러한 햇빛의 독성 자외선을 걸러 주는 중요한 거름망 역할을 하고 있는 것이 바로 오존층이다.

"햇빛이 무조건 좋은 것만은 아니구나!"

"햇볕이 뜨거운 날에는 자외선 차단제를 바르고 야외 활동을 해야 하는 것도 모두 독성 자외선으로부터 우리의 피부를 보호하기 위해서야."

"자외선 차단제가 그렇게 중요한 걸 이제야 알았다니! 나는 안 바르고 그냥 밖에 나가 노는데 혹시 암에 걸리는 것은 아닐까?"

용재가 호들갑을 떨자 채호가 고개를 저었다.

"너는 자외선 걱정할 시간에 비만 좀 걱정해라."

"으으, 이 자식이!"

채호와 용재가 또다시 으르렁댔다.

"그런데 오존층은 지상 20~30km에 존재한다고 했잖아. 두께가 10km나 되는데 대체 왜 구멍이 뚫리는 거야?"

누리의 질문에 우당탕탕이 설명을 했다.

"오존층이라고 말은 하지만 오존(O_3)을 모두 모아 지표면에 뿌린다고 가정해도 두께가 0.3cm에 불과할 정도로 극히 적은 양이거든. 한마디로 오존층은 지구의 생명체를 보호하는 아주 얇은 막이라고 생각하면 돼. 그런데 너희 지구인들은 바보처럼 그 막을 스스로 파괴하고 있으니, 쯧쯧쯧."

우당탕탕이 혀를 차는 소리에 누리와 채호, 용재는 아무 말도 할 수 없었다.

"정말 무섭다. 그런데 오존층은 대체 어떤 못된 녀석이 파괴하고 있는 거야?"

용재의 말에 누리가 대답했다.

"오존층이 파괴되는 주요 원인은 우리가 사용하는 냉장고, 에어컨, 헤어스프레이 같은 생활용품 때문이야."

"냉장고, 에어컨, 헤어스프레이가 오존층을 파괴하고 있다고?"

"맞아. 이런 생활용품들의 공통점은 바로 공기를 차갑게 냉각시키는 냉매를 사용한다는 것이지. 그런데 공기를 차갑게 식히는 냉매로 이용되는 프레온 가스(CFC)가 오존층을 파괴하는 물질이거든."

"오존층을 파괴하지 않으려면 우리는 어떻게 해야 하지?"

채호의 질문에 우당탕탕이 대답했다.

"역시 가장 중요한 것은 프레온 가스를 적게 배출하는 거야. 에어컨을 적정 온도로 관리하는 것은 단지 전기를 아끼는 것만이 아니라 오존층을 덜 파괴하는 일이라는 것을 명심해야 해. 아무튼 앞으로 지구인들이 오래오래 살아남으려면 지금처럼 마구마구 지구를 사용해서는 안 돼."

"휴, 걱정이다. 나는 여름에 에어컨 없으면 살 수가 없는데……."

"뚱보, 그러니까 살을 빼라고. 네 살이 지구를 위협하는 무기라고 생각하고 말이야. 나는 살이 안 쪄서 여름에도 별로 덥지가 않거든."

"이 자식이!"

채호와 용재가 또다시 툭탁대기 시작했다. 그러자 우당탕탕이 누리를 안쓰럽게 바라보았다.

"누리 네가 쟤들 친구라는 게 의심스럽다. 그런데 너희들은 지구가 보고 싶지도 않아? 이제 지구도 별도 모두 보일 텐데."

"맞다. 지구!!"

세계 최고의 허블 우주망원경

"아아, 정말 멋지다."

"지구가 이렇게 아름다웠다니……."

채호와 누리, 용재는 우주선 밖으로 보이는 지구의 모습에서 눈을 뗄 수가 없었다. 칠흑처럼 깜깜한 우주에 떠 있는 지구는 마치 푸르게 빛나는 보석 같았다.

"기분이 이상해. 슬픈 영화를 보는 것도 아닌데 왜 이렇게 눈물이 핑 돌지?"

용재가 촉촉해진 눈가를 연신 닦았다.

"너무너무 아름다워서야. 그리고 용재 너만 그런 기분을 느끼는 게 아니야. 로켓을 타고 지구 밖으로 나갔다 온 우주인들은 하나같이 지구를 사랑하게 된다고 해. 지구의 소중함을 절실히 깨닫게 되기 때문이야."

"외국에 나가면 애국자가 된다는 것과 똑같은 이치겠지?"

용재의 말에 채호와 누리가 깜짝 놀라 서로 마주 보며 웃었다.

"지구 밖으로 나오니까 용재가 갑자기 똑똑해졌네."

"너 딱 우주 체질인가 보다."

"흥, 그걸 이제 알았어?"

셋은 웃으며 하염없이 지구를 바라보았다. 우주선 아래로 거대한 바다가 펼쳐져 있었다. 바로 태평양이었다. 둥근 지구본으로 본 모습과 똑같았다. 아니 모습은 같았지만 느낌이 전혀 달랐다. 거대한 바다와 대륙들 위로 마치 흰 실타래처럼 풀어진 구름이 천천히 흘러가는 모습은 지구가 살아 있는 행성이라는 것을 절감하게 해 주었다. 바라보고 또 바라보아도 질리지가 않았다.

그렇게 지구의 이곳저곳을 가리키며 웃고 떠들기를 얼마나 했을까? 용재가 한 곳을 가리켰다.

"저기 봐. 우리나라야!"

채호와 누리의 눈에도 거대한 아시아 대륙의 동쪽 끝에 자리한 대한민국의 모습이 들어왔다. 그때 갑자기 용재가 훌쩍거렸다.

"우리 할머니랑 아빠, 엄마는 지금 뭐 하고 계실까? 귀염둥이 아들이 사라져서 애타고 찾고 계실 거야. 으앙앙~~!"

"뚱뚱아, 너희 엄마랑 아빠 보고 싶어? 보여 줄까?"

우당탕탕의 말에 용재가 뚝 울음을 그쳤다.

"자꾸 뚱뚱이라고 그럴래, 이 현빈 탈을 쓴 괴물아! 우리 집이랑 우주선이랑 얼마나 멀리 떨어져 있는데 볼 수 있다는 거야?"

"멀리 떨어진 곳을 가깝게 볼 수 있게 도와주는 물건이 바로 망원경이잖아. 너희 지구인들도 꽤 쓸 만한 망원경을 많이 가지고 있지 않나?

우당탕탕의 말에 누리가 알겠다는 듯 손뼉을 쳤다.

"맞아. 허블 망원경 같은 우주망원경은 우주 곳곳을 살필 수 있어!"

"허블 망원경? 어디서 많이 들어봤는데…… 그래! 우주가 팽창하고 있다는 것을 처음으로 관측한 미국의 천문학자 맞지?"

"어머, 너 우주에는 관심도 없다더니?"

채호는 깜짝 놀라 되묻는 누리의 말에 아차 싶었다. 집에서 몰래 읽었던 『우주과학 대백과』의 내용을 저도 모르게 말했던 것이다.

"채호 저 녀석 아무튼 음흉하다니까. 누리야, 저런 애랑은 친하게 지내면 안 돼. 알았지?"

용재의 호들갑에 누리가 웃으며 보충 설명을 했다.

"허블 망원경은 라이만 스피치라는 한 천문학자의 엉뚱한 생각에서 시작이 되었어."

"라이만 스피치? 허블이라는 사람이 만든 게 아니고?"

누리의 설명을 듣고 있던 채호가 고개를 갸우뚱거리며 물었다.

1946년 천문학자인 라이만 스피치는 다음과 같은 생각을 했다. '우주에 직접 망원경을 띄어 놓고 별을 관찰하면 얼마나 좋을까!' 하지만 그가 자신의 생각을 말했을 때, 주위 사람들은 그를 비웃기에 바빴다. 왜냐하면 당시에는 인공위성이라는 개념 자체가 없었기 때문이었다. 실제로 라이만 스피치가 '우주에 떠 있는 망원경'이라는 아이디어를 생각한 1946년으로부터 10년이 더 지난 1957년에야 최초의 인공위성인 스푸트니크호가 발사되었다.

"하지만 그 어리석은 아이디어가 결국 허블 망원경의 탄생을 이끌게 된 것이지."

라이만 스피치가 아이디어를 낸 지 무려 44년 후인 1990년, 미항공우주국이 지구 궤도 610km 상공에 천체 관측을 위한 거대 망원경을 쏘아 올렸다. 그리고 은하와 우주가 팽창하고 있다는 사실을 발견해 우주이론에 새로운 지평을 연 미국의 천문학자 에드윈 허블(Edwin Powell Hubble 1889~1953)의 이름을 따서 명명했다.

"참 할 일도 없다. 그냥 지구에 엄청나게 커다란 망원경을 만들어서 우주를 관찰하면 되지, 힘들게 왜 지구 궤도까지 올려서 우주를 관찰해?"

용재의 말에 누리가 고개를 저었다.

"천문학자들이 할 일이 없어 그랬겠니? 구름이 잔뜩 끼고 비가 오는 흐린 날씨에는 별을 제대로 관찰할 수가 없기 때문이야. 게다가 수천, 수만 년 동안 우주 공간을 무사히 여행한 빛들은 지구의 대기권을 통과하는 짧은 시간 동안 왜곡되고 흐려지게 돼. 그래서 망원경을 우주에 쏘아 올려 직접 천체를 관측하는 거야. 이 정도면 힘들게 지구 궤도로 쏘아 올린 값을 하지 않겠어?"

용재가 입을 삐죽였지만 누리의 설명은 계속됐다.

"게다가 허블 망원경은 궤도에 오른 지 20년이 지난 지금까지도 우주 탐사에 앞장서 새로운 발견을 하고 있어."

허블 망원경은 다른 우주 관측 장비와 달리 영구적으로 사용이 가능하다. 다른 우주 관측 장비들은 연료가 수명을 다하면 그대로 우주에 버려지지만, 허블 망원경은 우주왕복선을 이용해 끊임없이 관리되고, 계속 새로운 관측 장비가 붙여져 관측을 수행하도록 고안됐기 때문이다.

허블 망원경은 그동안 100만 건이 넘는 엄청난 관측 자료를 지구로 전송했는데, 그중에는 우주의 신비를 풀 수 있는 엄청난 관측 자료들이 부지기수다. 우주의 나이를 약 80~120억 년으로 정밀하게 계산할 수 있었던 것도, 우주의 팽창 속도가 점점 더 증가하고 있다는 것을 발견한 것도 허블 망원경 덕분이었다.

"그러면 허블 망원경으로 우리 집을 볼 수 있다는 말이야?"
용재의 질문에 우당탕탕이 인상을 찡그렸다.
"으이구~~ 너희 지구인이 만든 허블 망원경은 우주를 관찰하는 장비잖아! 너희 집이 우주야? 내 말은 우주 저 멀리까지 관찰할 수 있는 망원경도 만드는데, 너희 집까지는 충분히 살펴볼 수 있다는 뜻이지."
"우당탕탕 말처럼 실제로 지구에서 쏘아 올린 인공위성 중에는 땅 위를 걸어 다니는 사람이 읽고 있는 신문까지 들여다볼 수 있는 해상도를 자랑하는 인공위성도 있다고 해."

누리의 설명에 채호와 용재가 벌어진 입을 다물지 못했다.

"그 정도까지 자세히 볼 수 있다고?"

"쳇, 그게 뭐가 어렵다고. 우리 우주선에서는 너희 아빠 머리에 흰 머리카락이 몇 개인지도 셀 수 있는데. 자, 좌표를 입력해 보자고. 지구별 대한민국 서울시……."

우당탕탕이 좌표를 입력할 때마다 스크린이 지구를 확대하더니 어느새 서울 상공을 비추고, 친구들이 살고 있는 아파트 단지를 비추었다. 그리고 용재 집을 비추는 순간, 용재의 입이 떡 벌어지고 말았다.

"이, 이럴 수가!"

용재의 할머니와 아빠, 엄마가 옹기종기 모여 치킨을 맛있게 먹고 있는 모습이 보였다. 마치 누구에게 들킬세라 허겁지겁 먹는 모습이…….

"당장, 내려 줘! 나 없다고 자기들끼리만 치킨 시켜 먹고! 으으으, 용서할 수 없어!"

씩씩대는 용재를 보며 채호와 누리, 우당탕탕이 심각하게 진짜 우주선에서 쫓아낼까 고민을 했다.

"저…… 우리 아빠랑 엄마도 지금 무얼 하고 계신지 알 수 있을까?"

채호가 우당탕탕에게 떠듬떠듬 물었다.

"그게 뭐가 어렵다고. 주소만 말해. 지구 최고의 허블 망원경보다 백만 배나 뛰어난 우주 최강의 망원경으로 보여 줄 테니까."

엄마, 아빠가 아직도 퇴근 전인지 채호의 집은 깜깜했다. 엄마의 사무실이 있는 잡지사 주소를 입력하자, 마감 때라 폭탄을 맞은 듯 분주한 잡지사 사무실이 비쳤다. 엄마는 다른 직원들과 머리를 맞대고 여러 장의 사진들을 들여다보고 있었다. 그리고 아빠의 사무실을 찾아간 채호는 살짝 눈시울이 뜨거워지고 말았다.

'나한테는 자기가 세상에서 제일 똑똑한 척 다하면서……'

아빠는 상사로 보이는 나이 든 사람 앞에서 꼭 벌을 서는 학생처럼 고개를 꾸벅이고 있었다.

채호의 우울한 모습에 누리가 서둘러 이번에는 자신의 아빠가 있는 나로우주센터로 망원경을 돌렸다. 그리고 누리도 눈시울이 뜨거워지고 말았다. 우주센터의 거대한 모니터 앞에 앉아 꾸벅꾸벅 졸고 있는 누리 아빠의 모습이 보였기 때문이다.

용재가 누리와 채호의 어깨를 토닥이며 어른스럽게(?) 위로를 했다.

"열심히 일해서 자식에게 맛있는 음식을 사 주는 게 부모님들의 즐거움이래. 내가 입맛이 없어도 열심히 치킨, 피자를 먹는 것도 그 때문이거든. 그러니까 힘내!"

우당탕탕이 한숨을 내쉬며 용재를 째려보았다.

"지구인들은 정말 힘들게 사는구나. 너만 빼고!"

진공과 무중력, 무엇이 다를까?

"그런데 텔레비전을 보면 우주선 안에서는 붕붕 떠다니던데, 왜 이 우주선은 지구에서 버스나 지하철을 타고 있는 거랑 똑같지?"

우당탕탕이 채호의 궁금증에 당연하다는 듯 설명을 했다.

"그거야 우리 우주선은 활동이 편하게 미리 중력 장치를 설정해 놓은 상태니까 그렇지. 지금이라도 중력 장치를 끄면 바닥에서 붕 떠오르게 돼. 대기권을 뚫고 나오는 것도 직접 경험해 봤으니, 우주의 무중력 상태도 경험하고 싶지 않니?"

우당탕탕의 제안에 누리가 환호했다.

"당연하지! 우주에 나왔는데 무중력 상태를 경험하지 않는 것은 말도 안 돼. 어서어서 빨리 해 보자!"

용재가 한숨을 폭 내쉬며 채호를 돌아봤다.

"누리 때문에 또 고생길이 훤하다."

"그래도 어떤 느낌인지 나도 느껴 보고 싶어. 그런데 진공 상태와 무중력 상태는 어떤 차이점이 있는 거지? 생각해 보니까 잘 모르겠어."

채호의 의문에 우당탕탕이 설명을 했다.

진공과 무중력의 차이점

진공: 진공 상태는 어떤 일정한 공간 안에 물질이 거의 0에 가까운 상태로 존재하지 않는 것을 뜻한다. 즉 일반적으로는 공기가 없다는 뜻으로 단순하게 사용되지만, 이론적으로는 공기뿐만 아니라 그 어떤 물질도 일체 존재하지 않는 완벽한 무(無)의 상태를 말한다. 따라서 과학적으로 완벽한 진공 상태를 만드는 것은 매우 어렵다고 할 수 있다.

무중력: 무중력 상태 역시 일반적으로 중력이 없다는 뜻으로 알고 있지만, 정확히 말하면 이는 틀린 말이다. 무중력 상태란 정확하게는 중력 가속도가 0이 되는 상태를 말한다.

"중력이 없다는 뜻이 아니라, 중력 가속도가 0이 되는 상태라고? 그게 무슨 차이지?"

채호가 의문을 나타냈다.

"중력 가속도를 이해하려면 우선 무게와 질량의 차이부터 알아야 해."

"무게와 질량? 그거 똑같은 뜻 아니야?"

이번에는 용재가 고개를 갸우뚱거렸다.

질량과 무게의 차이점

질량: 질량은 물체 고유의 값이다. 따라서 그 어떤 상태나 조건에서도 값이 언제나 똑같다.

무게: 무게는 질량에 중력 가속도를 곱한 수치이다. 따라서 무게는 상황에 따라 변한다. 우리 몸의 몸무게는 지구의 중력이 작용한 값이다. 따라서 지구의 중력과 다른 곳, 예를 들어 달에 가서 몸무게를 재면 그 값이 변하게 된다.

"달에 가면 몸무게가 작아진다는 게 그런 뜻이었구나!"

누리의 말에 우당탕탕이 고개를 끄덕였다.

"맞아. 달에는 공기가 없지만, 중력은 있어. 지구의 6분의 1에 불과하지. 따라서 지구에서 몸무게가 60kg인 사람이 달에 갔다면 몸무게가 얼마가 될까? 바로 10kg밖에 안 돼. 하지만 질량이 60kg이라는 뜻은 지구에서도 달에서도 똑같다는 것이지."

달에서는 내가 최고의 역도 선수?

지구에서 가장 무거운 무게를 들어 올린 사람은 누구일까? 바로 이란의 역도 영웅 호세인 레자자데이다. 레자자데가 2004년 기록한 263kg(용상)의 바벨은 10여 년이 지난 아직도 깨지지 않고 있다. 그러나 달에서 263kg의 바벨은 6분의 1인 약 44kg의 무게밖에 되지 않는다. 건강한 성인이라면 누구나 들어 올릴 수 있는 수치이다.

마찬가지로 한국의 역도 영웅 장미란 선수가 달에서 바벨을 들면 지구에서의 기록인 187kg(용상)보다 6배나 많은 11,225kg을 들어 올릴 수 있다.

"그런데 무게와 질량의 차이점이 무중력 상태랑 무슨 상관이지?"

"방금 말한 것처럼 무게는 고유의 질량에 중력 가속도를 곱한 값이잖아. 그런데 만약 중력 가속도가 0이 되면 어떻게 될까?"

우당탕탕의 질문에 누리가 번쩍 손을 들었다.

"어떤 숫자라도 0을 곱하면 값은 언제나 0이 될 수밖에 없지."

"그래. 아무리 엄청난 질량을 가진 물체라도 무게는 언제나 0이 되겠지?"

용재가 입을 떡 벌렸다.

"그렇다면 우주선 안에서 붕붕 날아다니는 이유는 우주선 내부의 중력 가속도가 0이란 소리야?"

"그래, 지구는 여전히 우주선과 우주선 안의 물체를 지구 중심으로 끌어당기고 있어. 즉 우주선 내부의 질량을 가진 물체에는 여전히 중력이 작용하고 있다는 뜻이야. 그러나 우주선은 지구를 향해 중력 가속도가 0인 운동을 하고 있기 때문에 마치 중력이 전혀 없는 듯 느껴지는 것뿐이야."

"중력 가속도가 0인 운동? 그런 게 있어?"

"자유낙하 운동이 바로 그거야."

중력 가속도가 0인 경우?

엘리베이터가 자유낙하를 한다고 가정해 보자. 엘리베이터에 탄 사람은 무중력 상태에 빠지게 된다. 왜냐하면 엘리베이터 자체가 사람과 함께 자유낙하를 하고 있기 때문이다. 따라서 사람은 엘리베이터 바닥을 디딜 수도 없고, 허공에 붕 떠오르는 느낌, 즉 무중력 상태를 체험하게 된다.

"우당탕탕 네 말은 지금 우리가 지구를 향해 자유낙하하고 있다는 뜻이잖아? 그러면 지구에 추락하고 있다는 소리야?"

누리가 이해할 수 없다는 듯 물었다.

"간단하게 말하면 지구가 구형을 이루고 있기 때문이야. 즉 자유낙하를 하고 있지만, 지구와는 항상 거리가 일정하게 유지된 채 자유낙하를 하고 있다고 할까?"

"으으으, 머리가 터질 것 같아. 이제 그만!"

용재가 머리를 흔들자 우당탕탕이 빙긋 웃었다.

"그래, 초등학생에게는 아직은 어려운 개념일 거야. 앞으로 더 공부해서 이해하도록 노력해 봐. 아무튼 체험만큼 좋은 교육도 없겠지? 자, 너희들이 말하는 무중력 상태를 체험해 보자고!"

우당탕탕이 우주선의 기기를 조종하자 갑자기 몸이 허공으로 붕 뜨기 시작했다. 용재가 깜짝 놀라 소리쳤다.

"어어어, 뜬다. 떠! 내 뚱뚱한 몸도 뜬다!"

용재뿐만 아니라 채호와 누리도 허공으로 떠올랐다. 우주선 내부에 고정되어 있지 않은 모든 물건이 둥둥 떠다니기 시작했다.

"우와, 꼭 물속을 헤엄치는 것 같아!"

"너무 재미있다. 하하하~~!"

웃고 떠들며 채호와 친구들은 허공을 신나게 헤엄쳤다. 그러나 우당탕탕이 조종석의 버튼을 누르자 한창 허공을 유영하며 신나게 놀고 있던 채호와 누리, 용재가 갑자기 바닥으로 뚝 떨어지며 우당탕탕 소리를 냈다.

"너 일부러 버튼 껐지? 나 아무것도 못 잡고 있었단 말이야!"

채호가 엉덩이를 부여잡고 우당탕탕을 향해 소리쳤다.

"휴, 큰일 날 뻔했네. 저녁에 먹었던 피자가 목구멍으로 넘어오려고 그러지 뭐야. 아까워서 뱉어 내지도 못하고 삼켰잖아."

"윽, 더러워!"

용재의 말에 누리가 인상을 썼다. 그때 채호가 눈을 반짝였다.

"무중력 상태에서는 키가 커진다고 들었던 것 같은데 진짜일까?"

"뭐라고? 키가 커진다고!"

채호와 용재는 머릿속으로 훌쩍 키가 자란 모습을 상상하고는 황홀한 표정을 짓느라 정신이 없었다.

"바보들, 그건 키가 커지는 게 아니라, 뼈와 뼈 사이의 관절이 느슨해지는 것뿐이야. 지구로 돌아가면 중력 때문에 다시 원래 상태로 돌아갈 수밖에 없어."

"에이, 좋다 말았잖아."

용재가 투덜대는데 채호가 눈을 반짝였다.

"우주에서 1~2년쯤 오래 머물면 키가 크지 않을까? 뼈와 뼈 사이가 벌어지면 자연스럽게 빈 공간을 뼈가 자라나 채우게 될 테고, 그러면 키가 클 거 아니야?"

"키가 커지려면 칼슘, 미네랄 등이 풍부해야 하잖아. 하지만 오랫동안 무중력 상태에 머물면 뼈의 칼슘, 미네랄이 한 달에 1% 정도씩 빠져나가게 돼."

"골다공증을 앓는 우리 할머니처럼?"

용재의 질문에 누리가 고개를 끄덕였다.

"우주에서는 지구에서 할아버지, 할머니들이 앓는 골다공증의 속도보다 10배가 빠른 속도라고 해. 그러니 원래 있던 뼈도 제구실을 못하는데 뼈가 자랄 시간이 어디 있니? 우주에 오래 머물면 키가 작아지고 얼굴도 못생겨진다는 과학자들의 주장도 있는데 괜찮겠어?"

"얼, 얼굴이 못생겨진다고!"

"얼큰이가 될 가능성이 있다는 거지."

런던대학의 우주생물학자 루이스 다트넬 박사는 장기간 우주여행을 하면 오히려 키가 줄어들고, 몸은 뚱뚱해지고, 머리가 커질 개연성이 높다고 주장했다.

"우당탕탕, 빨리 지구로 돌아가자! 나는 키도 작고 몸도 뚱뚱한데 얼굴까지 클 수는 없어!"

"하하하~~."

용재가 비명을 지르자 모두가 배꼽을 잡고 웃고 말았다.

신기한 위성 이야기

무중력 상태에서 우리 몸은 어떻게 변할까?

오랫동안 우주정거장에서 머물렀던 우주비행사들을 조사한 결과, 무중력 상태가 인간의 건강에 좋지 못하다는 것이 밝혀졌다. 인간은 중력을 받으며 지구에서 살아가는 데 적합하게 신체가 발달했기 때문이다. 이 때문에 무중력 상태가 오랫동안 지속되면 구토, 두통, 현기증, 불안감 등의 여러 문제가 발생하는데 이를 우주적응증후군(SAS)이라고 한다.

무중력 상태에서는 신체에 많은 변화를 겪게 된다. 뼈뿐만 아니라 근육 또한 지구에서처럼 땅 위를 걷고 뛰거나, 무거운 물체를 들거나 옮길 필요가 없기 때문에 많이 사용하지 않게 되고, 결국 근육 사용량이 줄어들어 근육이 약해질 수밖에 없다. 게다가 무중력 상태에서는 혈압이 상체에 집중되는 현상이 발생해 얼굴이 붓게 되며, 적혈구 생산 감소, 균형 성장 장애, 면역 체계 약화, 수면 방해 등 다양한 문제를 일으키게 된다.

따라서 무중력 상태에서는 충분한 음식 섭취와 휴식을 취하고, 꾸준히 운동을 해야 한다. 실제로 우주정거장에 머무는 비행사들은 매일 2시간 이상씩 무중력 상태에 맞게 개발된 강도 높은 근육 운동을 한다. 그래도 1년 이상 근무하다가 지구로 귀환하면, 지구의 중력에 적응하지 못해 한동안 누워 있거나 휠체어 신세를 지게 된다.

우주를 향한 첫걸음, 국제우주정거장

"저 인공위성은 무지무지 크다. 생김새도 전혀 다른데?"

용재가 우주선 밖을 가리키며 호기심을 보이자 누리와 채호가 함께 밖을 바라보다가 깜짝 놀라 소리쳤다.

"국제우주정거장이다!"

국제우주정거장(ISS, International Space Station)이란?

지구 상공 300~400km의 궤도를 돌고 있는 축구장만 한 크기에 460톤이 넘는 거대한 유인인공위성이다. 미국과 러시아를 비롯한 16개국이 참여해 만들고 공동 관리하는 우주정거장은 각국의 우주비행사들이 장기

간 머물며 각종 과학 실험을 수행 중인 일종의 실험실이라고 할 수 있다.

국제우주정거장은 1998년 11월, 러시아 로켓이 첫 모듈을 싣고 발사됨으로써 건설이 시작되었다. 그 후로 많은 모듈이 발사되었고, 2000년 10월 역사적인 첫 번째 승무원이 우주정거장에 도착했다.

우주정거장은 많은 부분(모듈)으로 이루어져 있다. 우주정거장의 양쪽에는 거대한 태양 전지판이 있어 태양으로부터 햇빛을 받아 전기로 바꾼다. 또한 로봇 팔이 바깥에 붙어 있어 우주정거장 건설을 돕기도 하고, 우주비행사들이 바깥으로 이동하거나, 과학 실험을 제어할 수도 있다.

"우와, 저게 말로만 듣던 우주정거장이구나."

셋은 우주선 창밖을 향해 머리를 딱 붙이고는 우주정거장 구경에 빠졌다. 하지만 우당탕탕은 발을 동동 굴렀다.

"구경만 하고 있으면 어떡해? 빨리 다른 곳으로 도망쳐야지."

"왜?"

"왜기는 왜야? 우주정거장에는 우주인들이 거주하고 있잖아. 잘못하면 우리 우주선이 발각될지도 몰라. 그러면 골치가 아파지거든."

"에이, 그러지 말고 잠깐 가서 인사나 하고 오지 뭐. 좁은 정거장 안에만 있으니까 손님이 오면 무척 반가워하지 않겠어?"

용재의 넉살에 누리가 고개를 절레절레 젓는데, 채호가 우당탕탕을 바라보았다.

"우당탕탕, 영화에 나오는 우주선은 스텔스 기능처럼 모습을 숨기는 기능이 있던데, 이 우주선에는 그런 기술은 없는 거야?"

우당탕탕이 채호의 말에 머리를 탁 쳤다.

"맞다, 스텔스 시스템! 잘하면 있을지도 모르겠다. 잠시만 기다려 봐."

"쟤는 자기 우주선이라면서 아는 것도 별로 없나 봐."

"아빠가 중고시장에서 사 준 지 일주일도 안 됐으니 어쩔 수 없지. 찾았다, 스텔스 버튼!"

시스템을 찾은 우당탕탕이 서둘러 버튼을 누르자 우주선이 금세 투명하게 변해 보이지 않게 되었다.

"휴, 다행이다. 이제 마음 놓고 우주정거장을 구경해도 돼. 이왕 구경하는 것 가까이 가 볼까?"

"좋아!"

아이들의 환호성과 함께 우주선이 우주정거장 가까이 다가갔다.

"우와, 정말 엄청나게 크다. 대체 저 큰 인공위성을 어떻게 지구 밖으로 쏘아 올렸대? 우리 몸집만 한 나로과학위성을 쏘아 올리는 데도 엄청나게 큰 로켓이 필요했잖아."

용재가 우주정거장의 엄청난 위용에 혀를 내두르자 누리가 고개를 저었다.

"저 큰 우주정거장을 어떻게 한꺼번에 지구 위로 올릴 수 있었겠니? 당연히 불가능하지."

"그러면 우주정거장은 대체 어떻게 만들어진 거야?"

한마디로 국제우주정거장은 천문학적인 비용 문제 때문에 이루어진 사업이라고 할 수 있다. 미국과 러시아는 과거 냉전 시대부터 치열한 우주 개발 경쟁을 벌여왔다. 지금도 가까운 사이라고는 할 수 없지만, 냉전 시대에는 그 경쟁의 수위가 엄청났다.

소련이 최초의 인공위성인 스푸트니크호를 발사하고, 최초의 우주인 유리 가가린을 우주로 쏘아 올리자, 미국은 엄청난 충격을 받았다. 이에 패배감을 만회하기 위해 미국은 엄청난 자금과 노력을 우주 개발에 쏟아부었고, 그 결과 러시아보다 앞서 최초로 아폴로 11호를 달에 착륙시키는 데 성공할 수 있었다.

마찬가지로 미국이 달에 착륙하는 것을 보고 충격을 받은 소련은 방향을 틀어 최초의 우주정거장을 만들기로 했다. 그 결과 지구 궤도에 최초로 우주정거장을 띄운 나라는 러시아가 됐다. 뒤이어 이에 질세라 미국도 우주정거장을 띄웠다.

이처럼 미국과 러시아, 그리고 유럽은 각자 자신들만의 우주정거장을 개발하려고 수많은 노력을 했다. 그러나 곧바로 커다란 문제에 봉착하게 되었는데, 바로 천문학적인 비용 문제였다.

결국 1993년 미국이 러시아와 유럽연합에 제안을 했다. 바로 자국의 '프리덤 우주정거장', 러시아의 '미르2 우주정거장', 유럽연합의 '콜럼부스 우주정거장' 계획을 하나로 통합해 국제우주정거장을 만들자는 것이었다. 그 결과 혼자만의 힘으로 우주정거장을 건설하는 데 어려움을 겪고 있던 러시아를 비롯한 16개국이 우주정거장을 건설하기 위해 참여하게 되었다.

"대체 얼마나 많은 돈이 들기에 서로 으르렁대는 미국이랑 러시아가 손을 잡은 거지?"

"우선 미국의 경우를 살펴볼까. 미항공우주국 하면 가장 먼저 떠오르는 게 뭐지?"

"우주왕복선이지!"

채호와 용재가 동시에 대답을 했다.

"맞아. 우주왕복선이지. 미국의 우주왕복선에는 챌린저, 아틀란티스, 컬럼비아, 디스커버리, 엔데버호가 있었어."

"있었어? 지금은 없다는 소리야?"

"맞아. 2012년 모두 퇴역하고 말았어. 그중에 챌린저랑 컬럼비아호는 공중 폭발이라는 대참사 때문에 이미 세상에 존재하지 않았고. 아무튼 미국의 우주왕복선이 모두 퇴역한 것은 기체가 낡았기 때문이기도 했지만, 우주왕복선을 운용하는 데 엄청난 비용이 들었기 때문이야. 순수 발사 비용만 1회에 5천억 원이 넘었다고 하는데, 실제로는 그보다 몇 배나 더 들었다는 말도 있어."

"맙소사! 그렇게 돈이 많이 든다고?"

"맙소사는 이야기를 더 듣고 해도 늦지 않아. 내가 아빠한테 들었던 재미난 이야기를 해 줄게. 우주정거장에 머무는 우주비행사들이 마시는 물 1리터의 가격이 얼마쯤 될 것 같아?"

누리의 질문에 채호와 용재가 머리를 굴렸다.

"1.5리터 생수 한 통에 마트에서 1,500원 정도에 살 수 있잖아. 그런데 우주는 무척 비쌀 테니까⋯⋯ 15만 원 정도?"

채호의 대답에 용재가 버럭 화를 냈다.

"물 한 통에 15만 원이 말이 되냐? 나는 그렇게 비싼 물은 절대 안 사 마실 거야!"

"15만 원이면 비싸서 안 마신다고? 그런데 어쩌지. 정답은 보통 1리터당 5~7천만 원이라고 하는데."

미국이나 러시아, 유럽의 로켓마다 적재 용량이나 발사 비용이 조금씩 다르기 때문에 정확히 표준화할 수는 없지만, 이런저런 비용을 다 고려해 우주로 화물 1kg을 보내는 데 약 5천만 원이 든다고 한다.

"세상에 생수 한 통이 5~7천만 원이라고? 그러면 몇 통만 팔면 우리 집을 살 수 있잖아!"

용재와 채호가 말도 안 된다는 듯 소리쳤다.

"그러니까 미국 같은 강대국도 혼자서 우주정거장을 건설하고 운영하기가 힘들었던 거야."

"휴, 정말 어마어마한 돈이 드는구나."

용재와 채호가 한숨을 폭 내쉬었다. 그때 우당탕탕이 시원한 생수를 가지고 왔다.

"우주로 나오는 게 얼마나 돈이 많이 들고 어려운지 이제 알았지? 참 너희들 목마르지 않니?"

"말도 안 되는 이야기를 들으니까 정말 목이 다 마르다!"

용재와 채호가 우당탕탕이 내민 물을 벌컥벌컥 시원하게 마셨다. 그러자 우당탕탕이 빙긋 웃으며 손을 내밀었다.

"한 잔에 싸게 해서 100만 원만 받을게. 으흐흐흐."

용재와 채호가 어이없다는 듯 서로를 번갈아 쳐다보았다.

"쟤, 바보 아냐? 어린 우리한테 100만 원이 어디 있어?"

"꼭 받아야겠다면 어쩔 수 없지 뭐. 도로 토해 내는 수밖에. 이리 와. 다시 꺼내 줄게."

"윽, 지저분한 놈들!"

용재와 채호가 마신 물을 토하려고 하자 우당탕탕이 앗 뜨거워라 도망을 치고 말았다.

"물이 황금만큼 귀한데 그러면 세수는 어떻게 하지? 설마 우주 정거장에 있는 동안 한 번도 안 씻는 것은 아니겠지?"

용재의 질문에 누리가 고개를 저었다.

"당연히 집처럼 샤워시설은 없어. 1리터에 5~7천만 원짜리 물을 몸을 씻는 데 쓸 수는 없으니까. 그래서 우주비행사들은 거품이 나는 물티슈 비슷한 물품으로 온몸을 깨끗이 닦는다고 해. 그리고 이건 비밀인데, 최근에는 우주선 자체적으로 물을 재활용하고 있다고 해."

"재활용? 그게 무슨 소리지?"

채호가 모르겠다는 표정을 짓자 누리가 창피하다는 듯 얼굴을 붉히며 떠듬떠듬 말을 했다.

"그, 그게 화장실에서 볼일을 보면 최신식 정수기가 식수로 재활용한다고……."

"윽, 더러워!"

"더럽기는 뭐가 더러워? 세계 최고의 정수기로 정수해서 순수한 물로 바꾼 상태인데. 이 기계는 심지어 우주인들의 몸에서 배출되는 땀 같은 수분까지 모아서 물을 만들 수 있다고 해. 그만큼 엄청난 성능을 자랑하지."

누리의 설명에 혀를 내두르던 용재가 갑자기 궁금한 듯 목소리를 낮췄다.

"저기 그런데…… 오줌은 그렇다고 쳐도 그러니까 응가는…… 설, 설마 응가도 재활용을?"

우당탕탕이 코를 말아 쥐었다.

"윽, 이 더러운 놈! 세상에 응가를 어떻게 재활용해? 그런 기술은 우리 우주선에도 없다고."

"씨, 나는 그냥 궁금해서 해 본 소린데."

그렇다면 우주정거장에서 발생하는 쓰레기들은 어떻게 될까? 바로 지구에서 보낸 로켓 화물선을 활용한다.

화물선이 도착해 우주인들이 쓸 물건들을 정거장에 내려놓으면 화물선의 내부는 텅 비게 된다. 이 빈 공간에 그동안 우주선에서 사용한 쓰레기들을 싣고, 화물선은 대기권으로 떨어져 내리며 소각된다.

"그렇구나! 난 또…… 크크크."

용재가 그제야 알겠다는 듯 웃음을 지었다. 한바탕 소동이 끝날 즈음 채호가 이해할 수 없다는 듯 물었다.

"그런데 그렇게 비싼 돈을 들여서 우주정거장을 만들고 유지할 필요가 있을까?"

"맞아. 그 돈이면 불쌍한 사람을 돕는 게 훨씬 낫겠다."

용재와 채호가 오래간만에 서로 의견의 일치를 보았다.

"나도 그런 생각을 해 본 적도 있어. 우주는 현재의 우리가 상상하기에는 너무 먼 미래이고, 당장 전 세계에 굶주림에 시달리는 친구들도 무척 많으니까. 하지만 이렇게 생각해 보면 어떨까?"

우주정거장은 왜 필요할까?

우주정거장은 우주로 나아가는 첫걸음이다. 우주정거장의 실험실에서는 지구에서는 수행할 수 없는 정밀한 실험들이 다양하게 이루어지고 있으며, 우리가 우주에서 살아갈 때 생길 수 있는 현상들을 관찰하고 연구하는 데 큰 도움이 된다.

우주정거장에서의 실험과 작업을 통해 우리는 지금보다 더 깊고 자세하게 우주에 대해 알게 되고, 미래에 달에 기지를 건설하고, 나아가 태양계의 다양한 행성에 인류가 발을 내딛고, 우주 여행을 하는 데 있어, 말 그대로 전진기지 역할을 하게 될 것이다.

누리는 우주정거장을 보며 주먹을 불끈 쥐었다.
"앞으로 우리 대한민국도 우주정거장 개발 계획에 참여하게 될 날이 꼭 올 거야. 그때 나는 반드시 당당한 우주비행사가 돼서 우리나라의 과학 발전에 힘을 다하겠어!"
"나도 누리를 위해 온 힘을 다하겠어!"
"장용재 너!"
용재의 각오에 누리가 손톱을 세우고 달려들었다.

비상사태,
충돌 10초 전

삐삐삐~~~ 경고, 경고!
정체불명의 우주 쓰레기가 접근 중입니다.
우주선의 안전을 위해 회피 기동을 명령해 주십시오.

한창 우주정거장을 구경하고 있던 친구들에게 다급한 경보음이 울렸다.
"역시 인간은 위대한 존재야. 우주에까지 쓰레기를 버릴 생각을 다 하다니!"
용재가 감탄을 터뜨리자, 누리가 한숨을 내쉬었다.

"세상에 쓰레기를 버릴 데가 없어서 힘들게 우주에 버렸겠니? 물 1리터를 쏘아 올리는 데도 몇 천만 원이 들어간다고 방금 말했잖아!"

"그럼 우주 쓰레기가 뭔데? 우당탕탕, 네가 버린 쓰레기냐?"

"뭐라고? 감, 감히 초고도 문명을 자랑하는 나, 나를 쓰레기나 무단 투기하는 못된 놈 취급을 하다니, 너 당장 내려!"

우당탕탕이 자신을 걸고넘어지는 용재에 불컥 화를 냈다. 하지만 용재뿐만 아니라 채호와 누리도 의심스럽게 우당탕탕을 쳐다보았다.

"아니라면서 왜 말을 더듬지? 그러니까 더 의심스러운데?"

"쟤 초고도 문명에서 온 애 맞아? 여기서 어떻게 내려?"

"으아아~~ 지구인들을 태우는 게 아니었어!"

우당탕탕이 머리를 부여잡고 괴성을 질렀다.

우주 쓰레기는 폐기된 인공위성과 그 파편, 위성 발사에 사용된 상단 로켓의 잔해, 로켓의 페어링과 연료통 등을 말한다.

현재 지구 궤도에는 직경 10cm 이상의 우주 쓰레기가 약 3만 5,000개, 직경 1cm 이상은 50~60만 개, 직경 1mm 이상은 수천만 개가 떠돌고 있는 것으로 추산되고 있다.

그중에서도 문제가 되는 게 바로 인공위성의 파편이다. 인공위성은 수명이 다하면 우주 공간의 극심한 온도 차 때문에 쉽게 부서지게 된다. 그런데 이 파편들이 워낙 많아 서로 충돌하는 사례도 잦다. 대형 우주 쓰레기가 충돌해 수만 개의 작은 파편들로 나뉘는 경우도 있다. 실제로 2009년에는 미국의 인공위성과 러시아의 인공위성이 충돌해 2,000여 개의 새로운 우주 쓰레기를 만들어 내기도 했다. 즉 인공위성은 수명이 다하면 우주 쓰레기 생산 공장으로 돌변하는 것이다.

"인공위성이 얼마나 된다고 우주 쓰레기가 그렇게 많아?"

"1957년 최초의 인공위성인 스푸트니크 1호 이래 지금까지 발사된 위성이 몇 기나 되는지 알아?"

"50년이 넘었으니까 500개 정도?"

"아니, 여태까지 약 7,000기가 넘는 위성이 발사됐어. 최근에는 1년에 100기가 넘는 인공위성이 발사되고 있을 정도지."

"그렇게나 많이? 그러면 지금 하늘 위에 7,000개가 넘는 인공위성이 떠 있다는 말이잖아!"

채호의 질문에 누리가 고개를 저었다.

"그렇지는 않아. 현재 궤도에 머물고 있는 것은 3,500여 기에 불과해. 임무를 수행 중인 것은 1,100여 기에 불과하고. 나머지 2,400여 기는 수명을 다하고 버려진 채 우주 쓰레기로 떠돌고 있는 상태지."

"쓰레기가 그렇게 많은데 우주왕복선이나 로켓은 어떻게 빠져나갔대? 정말 신기하다!"

"채호 말처럼 수많은 우주 쓰레기 때문에 앞으로 우주 탐사에도 큰 장애가 될 전망이래."

"그런데 크기가 고작 몇 센티미터밖에 안 되잖아. 쓰레기가 보이면 주워서 쓰레기통에 버리면 안 되나?"

용재의 질문에 우당탕탕이 한숨을 푹 내쉬었다.

"우주 쓰레기가 방바닥에 우르르 굴러다니는 과자 부스러기랑 똑같은 줄 알아? 우주 쓰레기 역시 지구 궤도를 초속 7~11km로 날고 있는 상태야. 그러니까 조약돌만 한 우주 쓰레기라도 맞는 순간 철판을 뚫을 만큼 강력하다 이 말씀이야."

"조약돌이 무슨 힘이 그렇게 세다고? 말도 안 돼!"

용재의 말에 이번에는 누리가 나섰다.

"그러면 용재 네 말처럼 조약돌도 힘이 세면 철판을 뚫을 수 있겠지?"

"그, 그렇겠지."

"네 말 속에 정답이 있어. 바로 속도의 힘 때문이지."

힘의 크기는 물체의 질량과 속도에 비례($F=ma$)한다. 즉 질량이 무척 작아도 속도가 엄청나게 빠르면 큰 힘을 낼 수 있다.

우주 쓰레기는 고도 2,000km 이하의 저궤도에서 초속 7~8km, 그 이상의 고도에서는 초속 10~11km의 엄청난 속도로 지구를 공전하고 있다. 이처럼 엄청난 속도 때문에 직경 1mm의 우주 쓰레기조차 유영 중인 우주인의 생명을 앗아갈 수 있으며 국제우주정거장 및 인공위성과 충돌하면 심각한 피해를 줄 수 있다. 대다수 위성의 경우 직경 10cm 이상의 우주 쓰레기와 충돌하면 완파돼 버릴 정도다.

실제로 2009년 3월에도 직경 0.84cm의 우주 쓰레기가 접근하는 바람에 우주정거장의 승무원들이 러시아의 소유즈 캡슐로 대피하는 일이 벌어졌다. 우주정거장이 우주 쓰레기와 충돌 시 발생할 수 있는 최악의 상황을 가정, 가장 안전한 모듈인 소유즈 캡슐로 긴급 대피한 것이다. 이처럼 우주 쓰레기는 갈수록 큰 위협이 되고 있다.

"따라서 조약돌이라도 엄청난 속도를 낼 수 있다면 철판을 뚫을 수도 있다 이 말씀이야. 이제 알겠지?"

누리의 설명을 듣고 있던 용재가 심각한 표정으로 되물었다.

"누리야 나한테만 솔직하게 말해 줘. 너 외계인이지? 어떻게 초등학교 4학년 학생이 그런 것까지 다 알아?"

"으이구~~!"

누리와 채호가 용재를 잡아먹을 듯 노려보았다.

삐삐삐~~~ 경고, 경고!

정체불명의 우주 쓰레기가 초속 8km로 접근 중입니다.

우주선의 안전을 위해 회피 기동을 명령해 주십시오.

충돌 3분 전입니다.

충돌 1분 전 카운트가 들어갈 예정입니다.

"설명은 이제 그만하고, 혹시 모르니까 우주선을 안전 궤도로 옮기자고."

우당탕탕이 우주선을 출발시키려던 순간이었다.

"이, 이런 큰일 났다! 우주 쓰레기의 궤도에 우주정거장이 들어가 있어!"

우당탕탕의 비명에 친구들 모두 깜짝 놀라고 말았다.

"우주 쓰레기와 우주정거장이 충돌한다는 말이야?"

"우주 최강의 컴퓨터로 시뮬레이션해 본 결과, 정면충돌 시 우주정거장에 심각한 파손이 생길 수도 있을 것 같아."

"으아아앙~~ 안 돼! 우당탕탕, 제발 우주정거장을 살려 줘. 저 안에는 전 세계에서 모인 최고의 우주비행사들이 타고 있단 말이야. 제발!"

용재가 울음을 터뜨리자, 누리와 채호도 훌쩍거리기 시작했다. 눈앞에 엄청난 사고가 예견돼 있는데 할 수 있는 일이 아무것도 없었다. 그때였다. 울상이 된 세 친구를 보던 우당탕탕이 웃음을 터뜨렸다. 그러자 세 친구가 눈을 동그랗게 떴다.

"뭐, 뭐야? 거짓말이었어?"

"거짓말은…… 너희들 내 우주선이 고물이라고 잘도 놀렸겠다. 이 우당탕탕님이 이런 순간이 오기를 얼마나 기다렸는지 몰라. 자 보여 주마. 우주 쓰레기쯤은 한 방에 없애 버리는 우주 최강 우주선의 엄청난 위용을!"

우당탕탕이 컴퓨터를 조작하더니 우주 쓰레기를 조준하기 시작했다.

"정, 정말이야? 눈에 보이지도 않는 초속 8km의 엄청난 속도에, 크기도 손가락 마디보다 작은 우주 쓰레기를 맞춰서 없앨 수 있다고?"

세 친구의 놀라는 목소리에 우당탕탕이 코웃음을 쳤다.

"그쯤은 누워서 떡 먹기거든. 우주 최강 레이저 광선 발사!"

우당탕탕이 버튼을 누르자 우주선이 우당탕탕거리더니 한 줄기 레이저 광선이 우주 공간을 갈랐다. 그리고 엄청난 속도로 우주정거장을 향해 달려가던 우주 쓰레기를 감쪽같이 맞춰 없애 버렸다. 우당탕탕의 말처럼 엄청난 모습이었다.

"휴, 정말 간 떨어지는 줄 알았다."

"우당탕탕, 지구를 대표해 감사의 인사를 할게. 우주정거장을 구해 줘서 정말 고마워."

누리의 인사에 우당탕탕이 팔을 벌렸다.

"오우, 아냐, 아냐. 우리 종족의 감사 인사는 서로 꼭 안고 입맞춤을 하는 거란다. 누리야, 이리 와!"

흐뭇하게 눈을 감은 우당탕탕의 품에 거대한 몸체가 안겨왔다.

"엉큼한 우주 변태! 누리대신 내가 감사의 인사를 하마. 자 입맞춤!"

"으아악, 살려줘~~!"

"하하하하~~."

우당탕탕의 비명에 누리와 채호와 누리가 웃음을 터뜨렸다.

신기한 위성 이야기

우주에도 인공위성들의 무덤이 있다고?

3만 6,000km 높이로 떠 있는 정지궤도 위성이 다시 지구 대기권으로 진입해 사라지기까지는 최대 수백 년의 시간이 필요하다. 게다가 정지궤도는 운용 공간이 매우 제한적이어서 새로운 위성을 띄우기가 무척 어렵다. 즉 정지궤도에서 위성이 폐기되거나 부서져 파편이 생기면, 비좁은 궤도 탓에 다른 위성과 부딪힐 위험성이 그만큼 크다는 뜻이다.

그래서 정지궤도 위성은 연료가 모두 소모되기 전에 원래 궤도에서 200~300km 위쪽으로 위치를 이동해 기존의 궤도에서 자리를 비워준다. 이렇듯 정지궤도 위성들이 폐기되는 마지막 궤도를 '우주 무덤'이라 부른다. 우리나라의 정지궤도 위성인 무궁화 위성과 천리안 위성도 이처럼 우주 무덤에 폐기했거나 향후 임무를 마치면 우주 무덤으로 궤도를 수정해 영원히 잠에 들 예정이다.

나로과학위성, 대한민국을 부탁해

"어, 저 인공위성 어디서 많이 봤는데……."

우주선 밖을 내다보던 채호가 한 곳을 가리켰다. 우주선 옆을 인공위성이 빠르게 스쳐 지나가고 있었다.

"맞다. 아리랑 1호야. 대한민국 최초의 다목적 실용위성인 아리랑 1호!"

곰곰이 기억을 떠올리던 채호가 엄청난 보물을 발견한 듯 소리쳤다.

"네가 그걸 어떻게 알아?"

용재의 딴죽에 채호가 서둘러 가방 속에서 책 한 권을 꺼내 들었다. 누리의 전화에 깜짝 놀라 가방 속에 넣어 뒀다가 우주선까지 가지고 온 『우주과학 대백과』였다.

"이것 봐. 여기 아리랑 1호 사진이랑 똑같이 생겼잖아!"

누리와 용재가 책 속에 실린 아리랑 1호의 사진과 창밖의 인공위성을 번갈아 비교하고는 탄성을 터뜨렸다.

"맞다. 아리랑 1호다!"

1999년 12월 발사돼 지상 685km에서 98분 주기로 지구를 한 바퀴 돌며 한반도 및 해양 관측, 과학 실험 등의 임무를 수행하는 대한민국 최초의 지구관측위성이자 다목적 실용위성이다. 2007년 12월 통신이 두절되며 임무가 종료됐다.

"아리랑 1호도 임무를 모두 마치고 우주를 떠돌고 있는 중이구나!"

아리랑 1호에 대한 설명을 읽고 있던 셋 모두 아쉬움에 탄성을 터뜨렸다.

"녀석, 그동안 수고했다. 네 덕분에 우리나라가 발전할 수 있었다. 고마워."

"바보, 정확히 말하면 쟤 네 형이거든. 우리가 태어나기도 전인 1999년부터 지구를 돌던!"

"그, 그렇군. 정정한다. 고마워, 형~~! 이제 고단한 임무는 모두 잊고 푹 쉬어. 대한민국은 내가 책임질게."

아리랑 1호를 향한 용재의 넉살 좋은 외침에 누리와 채호뿐만 아니라 우당탕탕도 웃음을 터뜨리고 말았다. 그러나 웃음도 잠시, 친구들 모두는 어느새 고요한 우주 속으로 빠르게 사라져 가는 아리랑 1호의 뒷모습을 보며 감상에 젖어 들었다.

"정말 멋있다. 꼭 자신의 임무를 모두 끝내고 묵묵히 사라져 가는 영화 속 주인공 같아!"

한동안 설명할 수 없는 감상에 빠져 있던 누리가 슬쩍 채호를 의심스럽게 쳐다보았다.

"그런데 채호 너, 우주에는 관심도 없다고 그러지 않았나?"

"그, 그게……."

채호가 떠듬거리는데 용재가 짐작한다는 듯 고개를 끄덕였다.

"부끄러워하기는. 이럴 때는 솔직하게 고백하는 거야. 나도 우주를 무한 애정하게 됐다고. 아무튼 이번에는 형님이 눈감아 준다."

"으이구~~."

채호가 고개를 절레절레 저었다.

"그런데 지금까지 대한민국이 우주로 보낸 인공위성은 모두 얼마나 될까?"

용재의 궁금증에 채호와 누리가 『우주과학 대백과』 속에서 대한민국의 인공위성 역사 편을 펼쳐 확인했다.

대한민국의 인공위성 역사

1992년 8월 11일

우리나라 최초의 인공위성 '우리별 1호'가 우주로 날아오르면서 우리나라도 인공위성 보유국이 되었다.

1993년 9월

우리의 자체 기술로 개발한 최초의 '우리별 2호'를 발사했다.

1995년 8월

'무궁화 1호'가 발사되며 방송통신위성 시대를 열었다.

1996년 8월

'무궁화 2호'가 발사되었다.

1999년

5월에 '우리별 3호'가 발사되고, 8월에 '무궁화 3호'가 발사됐다. 12월에는 본격적인 실용위성 시대가 열렸다. 470kg급 다목적실용위성 '아리랑 1호'가 발사된 것이다.

2003년 9월

'과학기술위성 1호'가 발사됐다.

2006년 7월

'아리랑 2호'가 발사됐다.

2009년 8월, 2010년 6월

'과학기술위성 2호'가 우리나라 최초의 위성 발사 로켓 나로호에 실려 발사됐지만 실패했다.

2010년 6월 27일

우리나라 최초의 정지궤도 위성인 '천리안(통신해양기상위성) 위성' 발사. 이로써 세계 최초의 정지궤도 해양위성 보유국, 세계 7번째 독자 기상위성 보유국, 세계 10번째 통신위성 자체 개발국으로 등극했다.

2010년 12월 30일

'무궁화 6호(올레 1호)' 발사. 수명이 다하는 '무궁화 3호'를 대체할 목적이다.

2012년 12월 30일

'나로과학위성'이 발사되었다.

현재

'아리랑 5호', '아리랑 3호', '과학기술위성 3호'를 개발 완료했지만, 로켓을 제공하기로 한 러시아의 발사 연기로 대기 중이다.

"아리랑 5호는 아리랑 1, 2호를 보완할 지구관측위성이야. 아리랑 1, 2호가 맑은 날에만 관측이 가능한 가시광선을 촬영할 수 있는 것에 비해, 아리랑 5호는 영상레이더를 장착해 궂은 날씨에도 관측이 가능하지. 하지만 로켓을 제공하기로 한 러시아와의 계약 문제 때문에 발사가 계속 연기 중이야. 이제 알겠지? 우리가 왜 하루빨리 우리나라만의 로켓을 보유해야 하는지?"

누리의 설명에 채호도 고개를 끄덕였다.

"그래, 우리만의 로켓을 가지고 있어야 할 것 같아!"

"참, 우리의 나로과학위성은 지금쯤 어디에 있을까?"

용재의 말에 모두가 우당탕탕을 쳐다보았다.

"흥, 부탁할 때만 그런 눈빛이지. 자 누리야, 이리 오렴. 우리 행성에서는 간절한 부탁을 할 때는 상대방의 품에…… 으아악~~!!"

이번에도 우당탕탕의 비명이 우주선을 오래오래 떠돌았다.

"계산해 본 결과, 현재 나로과학위성이 있는 곳을 찾아냈어. 당장 가 볼까?"

"좋아!"

우주선이 얼마나 움직였을까? 새까만 우주 위를 열심히 날아가고 있는 조그만 인공위성 하나가 보였다. 바로 어제 대한민국에서 발사돼 우주로 날아오른 나로과학위성이었다.

"안녕, 나로야!"

친구들 모두 나로과학위성을 향해 열심히 손을 흔들었다.

"원래의 나로과학기술위성보다는 임무도 적고, 수명도 얼마 안 되지만, 우리나라만의 로켓을 확보하는 과정에서 탄생한 위성이라서 그런가? 더 소중하게 느껴지는 것 같아."

채호의 감상에 누리가 빙긋 웃음을 지었다.

"그래. 누군가는 작고 초라하다고 비웃기도 할 거야. 하지만 우리 아빠가 그랬어. 한 걸음 한 걸음 내딛는 꾸준한 발걸음만이 위대한 도약을 이룰 수 있다고. 나로과학위성은 우리나라의 우주 개발을 위한 작지만 위대한 도전이야."

"그래 맞아. 한 조각 한 조각 치킨은 비록 작지만 위대한 이 몸을 만들었듯이 말이지."

용재의 말에 채호와 누리뿐만 아니라 우당탕탕도 박장대소를 터뜨리고 말았다.

나로과학위성을 얼마나 바라보았을까. 우당탕탕이 조종석에 앉으며 세 친구를 향해 물었다.

"이제 본격적으로 우주 여행을 떠나 보자고. 너희들 어느 별부터 가고 싶어?"

"나는 안드로메다 성운으로 가서 안드로메다 공주가 진짜 있는지 보고 싶어!"

"나는 용재 저 녀석만 없는 곳이라면 우주 어디라도 좋아!"

용재와 채호의 으르렁대는 목소리에 누리가 주먹을 불끈 쥐었다.

"조용히 해! 우리의 첫 여행지는 바로 우리가 사는 태양계의 행성들이야. 태양부터 수성, 금성, 화성, 목성, 토성, 천왕성, 해왕성, 명왕성을 고루고루 여행해야 해. 알았어?"

"네, 선생님~~!"

"자, 출발이다. 야호~~!!"

세 친구를 태운 우주선이 태양을 향해 힘차게 날아오르기 시작했다. ■